# 上海市交通发展白皮书

Shanghai Transportation Development White Paper

2022版

上海人民出版社

# 目　　录


前言……………………………………………………1
第一章　发展背景……………………………………3
　一、发展成就………………………………………3
　二、形势要求………………………………………7
第二章　总体要求……………………………………10
　一、指导思想………………………………………10
　二、愿景目标………………………………………10
　三、战略取向………………………………………12

第一篇　打造更高能级的现代化交通　更好服务国家战略

第三章　提升上海国际航运中心影响力,增强双循环链接能力………………………………………15
　一、巩固提升辐射全球的航运枢纽港地位………16
　二、建设最具影响力的世界级航空枢纽…………16
　三、提升航运服务能级和国际影响力……………17
第四章　推动长三角交通一体化发展,引领区域提升全球竞争力……………………………………19
　一、共建轨道上的长三角…………………………19
　二、提升公路网络和运输服务能力………………20
　三、完善水运网络和码头布局……………………21

四、创新区域一体化交通协同发展机制 …………………… 21
第五章　完善市域交通体系，支撑空间拓展新格局 …………… 22
一、提升主城区交通承载力和时效性 …………………… 22
二、打造相对独立的新城综合交通体系 ………………… 23
三、完善新市镇和乡村交通体系 ………………………… 24
四、强化交通引导城市发展 ……………………………… 24

第二篇　打造更高品质的人民满意交通　更好服务经济民生

第六章　打造集约多元的客运服务体系，提升交通出行体验 …………………………………………………… 29
一、打造高效可靠、功能融合的轨道交通服务 ………… 30
二、打造层次清晰、便捷舒适的地面公交服务 ………… 30
三、打造宜行宜游、特色鲜明的水上客运服务 ………… 31
四、打造规模合理、体验良好的出租汽车服务 ………… 31
五、打造灵活多样、规范有序的共享出行服务 ………… 32
六、推进多种客运交通方式融合发展 …………………… 32
第七章　打造动静平衡、运行高效的道路交通 ……………… 34
一、引导车辆有序发展和使用 …………………………… 34
二、提升道路通行效率 …………………………………… 35
三、优化停车供给和服务 ………………………………… 36
第八章　打造全龄友好、活力四射的慢行交通 ……………… 37
一、打造宜行宜骑的慢行交通网络 ……………………… 37
二、营造全龄友好的慢行交通环境 ……………………… 38

三、塑造人性化高品质的慢行交通空间 …… 39
第九章　打造高效货运体系,助力畅通经济循环 …… 40
一、优化调整货运结构 …… 40
二、提升城市配送服务水平 …… 41
三、营造公平有序的市场环境 …… 42
四、促进货运与城市协调发展 …… 42
第十章　强化规建管养一体化,保障设施健康服役 …… 43
一、推行全生命周期管理 …… 43
二、加强智能建造与养护 …… 44
三、完善建设与养护行业管理 …… 44

## 第三篇　打造可持续的智慧绿色韧性交通 更好推动高质量发展

第十一章　构建智慧交通体系,创造数字交通服务新体验 …… 49
一、推进交通设施装备智能化 …… 49
二、创造智慧现代服务体验 …… 50
三、实现数字孪生交通治理 …… 51
四、营造开放合作创新生态 …… 51
第十二章　促进绿色交通发展,推动实现交通碳达峰碳中和 …… 53
一、优化交通运输结构 …… 53
二、加快交通能源结构转型 …… 54
三、提升交通领域节能治污能力 …… 55

四、构建交通碳排放治理体系 …………………………………… 56
**第十三章　打造平安交通，增强交通系统韧性**………………………… 57
一、健全安全治理体系 ………………………………………… 57
二、强化交通本质安全与运行安全 ……………………………… 58
三、加强道路交通秩序管理 ……………………………………… 59
四、提升应急处置能力和系统韧性 ……………………………… 60
**第十四章　优化交通治理体系，营造良好发展环境**…………………… 61
一、推进法治交通建设 ………………………………………… 61
二、完善交通市场体系 ………………………………………… 62
三、构建社会共治体系 ………………………………………… 62
四、打造交通人才高地 ………………………………………… 63
**附录** …………………………………………………………………… 64

# 前 言

上海历届市委、市政府都高度重视交通发展,上海市政府分别于 2002 年、2013 年发布了两轮交通发展白皮书。《上海市交通发展白皮书(2013 版)》提出,以构筑国际大都市一体化交通为总体目标,实施交通与城乡空间统筹发展等五大战略,并围绕交通与城市、对外交通等专题提出了行动纲领。经过近十年的持续努力,上海“枢纽型、功能性、网络化”综合交通体系更加完善高效,上海国际航运中心跻身新华 · 波罗的海国际航运中心发展指数排名全球前三,上海成为首批“国家公交都市建设示范城市”,有效支撑了城市能级和核心竞争力提升。

当前,百年变局和世纪疫情交织叠加,新一轮科技革命和产业变革加速演进,我国以国内大循环为主体、国内国际双循环相互促进的新发展格局正在加速构建,上海作为改革开放排头兵、创新发展先行者,已成为长三角区域一体化发展、社会主义现代化建设引领区等一系列国家战略的集中承载地,成为“人民城市人民建,人民城市为人民”重要理念的积极践行者。未来十年,上海交通必须坚持“与世界相交,与时代相通”,适应新形势新要求,明确下一阶段发展的行动纲领,更好发挥“先行官”和“开路先锋”作用,加快上海交通强市建设,助力我国从交通大国向交通强国迈进。

2019 年 6 月,上海市正式启动新一轮《上海市交通发展白皮书》(以下简称《白皮书》)编制工作,在深入开展 2013 版白皮书后评估、发展战略和重大专题研究的基础上,充分吸纳市人大、市政协和社会各界意见,历时3年完成编制。

《白皮书》坚持继承与创新并举,在延续一体化交通发展的基础上,重在与时俱进推动发展理念的变革:更加注重交通与经济社会融合发展,更加注重区域及城乡交通一体化发展,更加注重交通服务品质与运行效率统筹发展,更加注重交通增量设施与存量设施协调发展,更加注重交通智慧绿色韧性发展,更加注重交通领域多元化社会共治。

《白皮书》明确了未来10年上海交通发展的目标、战略和行动,是上海推进交通工作的行动指南和促进交通领域社会共治的倡议书,《白皮书》共14个章节,其中1、2章为发展背景和总体要求;3—14章包括3个篇章、12个板块的政策导向,体例上由目标、原则和行动三部分构成。

《白皮书》于2022年9月经上海市政府常务会议和上海市委常委会审议通过,并于2022年10月由上海市政府新闻发布会正式发布。

# 第一章　发展背景

上海国际大都市一体化交通基本建成，有力支撑了上海经济社会发展和全球卓越城市建设。进入新时代，上海交通必须更高质量发展，才能应对发展环境的深刻变化，更好地支撑国家战略，服务经济民生。

## 一、发展成就

**1.1**　上海国际航运中心基本建成，全球航运资源配置能力整体提升。上海国际航运中心坚持硬件基础设施和软环境建设双轮驱动，2020 年起连续三年“新华·波罗的海国际航运中心发展指数”排名全球第三（2014 年排名第七），国际影响力稳步提升。2021 年，上海港港口连接度连续 11 年保持全球首位，集装箱吞吐量突破 4700 万标准箱，连续 12 年保持全球第一，国际集装箱枢纽港地位不断巩固。浦东国际机场卫星厅（全球最大单体卫星厅）投入运营，2019 年（新冠肺炎疫情发生前），上海机场通航全球 50 个国家和地区 314 个通航点，空港通达性居亚洲领先地位，客运吞吐量 1.2 亿人次，位列全球城市第四；2021 年航空货邮吞吐量 436.6 万吨，创历史新高，位列全球城市第三，亚太大型国际航空枢纽初步建成。同时，现代航运服务业发展进一步加快，航运保险市场规模居前，国际市场份额仅次于伦敦和新加坡；中国出口集装箱运价指数等得到市场广泛认可；一批国际性、国家级航运功能性机构云集上海。启运港退税、沿海捎带等重大航运政策实施，航运营商环境进一步优化。2021年成功举办首届北外滩国际航运论坛。

1.2　建成超大城市交通网络，交通对城市发展的引导和支撑作用持续强化。上海牢牢把握交通“先行官”定位，坚持交通基础设施适度超前建设，构建与超大城市相匹配的交通设施网络。多模式轨道交通建设齐头并进，沪苏通铁路建成通车，沪通二期、沪苏湖铁路开工建设，沿江、沿海通道逐步打开；嘉闵线、机场联络线等市域铁路开工建设，利用金山铁路开通市域列车；至2021年底城市轨道交通网络规模达831公里，中心城近50%的人步行10分钟可以到达轨道交通车站，五个新城与中心城之间均实现轨道交通连通，其中11号线实现跨省运营。道路网络更加注重结构优化与功能提升，至2021年底公路总里程1.31万公里，高速公路里程851公里，省界收费站全部取消；城市道路5844公里，北横通道西段等重大工程建成投运，城市快速路里程233公里。建成杭申线、长湖申线等高等级航道，对接苏浙的高等级航道基本建成。以港口、机场、火车站为核心的对外综合交通枢纽功能更加健全，以轨道交通为主导的多层次城市客运枢纽布局更加完善，有效支撑一体化交通体系构建，带动周边地区发展。

1.3　城市交通服务多元高效，市民的幸福感和获得感持续提升。上海始终坚持公共交通优先发展战略，2017年获得首批“国家公交都市建设示范城市”称号。2021年公共交通日均客运量1398.8万乘次，中心城公共交通出行比例（不含步行）约43.6%

(2019年)。轨道交通持续提能增效,年均增能3%以上,最短行车间隔缩短至1分50秒,日均客运量978万乘次,占公共交通客运量70%。地面公交服务层次逐渐丰富,中运量71路、临港T1示范线、奉浦快线、松江有轨电车等多模式公交线路开通运营,沪闵路等12条公交骨干通道建设完成,开设30条省际毗邻客运衔接线路,建成500公里公交专用道。轨道交通与地面公交"两网融合"更加深入,全市75.3%的轨道交通站点周边50米半径范围有公交线换乘。网约车、共享单车、定制班车、分时租赁等"互联网+"交通出行模式蓬勃发展,丰富了出行方式。

**1.4**　道路运行平稳有序,交通出行环境不断优化。在道路和停车设施供给有限的条件下,综合运用法律、经济、行政等手段对小客车实施需求管理。在拥有管理上,坚持非营业性客车额度拍卖政策,2021年实际在用小客车保有率224辆/千人,低于同类城市水平;在使用管理上,坚持区域差别、以静制动,稳妥实施外省市号牌小客车时段限行措施;实施停车价格市场化改革,车均使用强度下降至25公里/日,快速路和地面干道高峰运行车速基本稳定。同时,开展精品道路、"四好农村路"等示范路创建,依托"一江一河"岸线贯通建设慢行系统,实施杨浦大桥等4座大桥景观提升工程,道路设施品质得到较大提升。2014、2021年两次修订停车配建标准,推进停车资源错时共享,逐步缓解"停车难"。持续开展道路交通违法行为大整治,交通行为更加规范、文明,道路交通事故万车死亡率小于2人/万车,较2012年降低52%。

**1.5**　交通数字化转型全面发力,运行、服务和管理效能持续增强。上海坚持科技赋能、创新驱动,前沿技术与交通领域加速融合，在综合交通发展尤其是智能交通方面取得长足进步。交通新基建持续推进，全球规模最大、自动化程度最高的集装箱码头——洋山深水港四期自动化码头投产，自动驾驶级别最高的轨道交通14、15、18号线建成投运，S32、G60、G15等智慧高速公路试点启动。交通出行信息化水平持续提升，中心城实现公交站点实时到站信息预报服务全覆盖，并逐步在郊区推广；巡游出租汽车统一叫车平台及“一键叫车”功能、上海停车APP上线运行，打造上海MaaS系统1.0版，“出行即服务”理念得以推广。持续推动智能网联汽车道路测试，累计开放1289公里测试道路，总里程居全国首位，其中洋山港智能重卡示范运营年运输量达4万标准箱。建设“易的PASS”、交通综合业务平台、危险品运输数字化监管平台等，向着交通政务“一网通办”、交通运行“一网统管”的目标稳步迈进。

1.6　绿色低碳交通向纵深推进，交通可持续发展能力持续增强。上海持续从多维度全方位推动绿色交通发展。出台鼓励多式联运发展的支持政策，上海港集装箱集疏运体系不断优化，至2021年，水水中转比例达51.6%，海铁联运箱量增加至41.7万标准箱。车船等交通工具总体呈现低碳化趋势，新能源汽车累计推广量超过67万辆，建成各类充电桩超过50万根；约80%的公交车辆实现新能源替代，氢燃料电池公交车及物流车开展商业化试点；港口岸电设施覆盖率79%。严格实施机动车排放标准和船舶排放控制区管理，路边环境空气中$NO_x$、PM2.5浓度分别下降36%和29%，港区$SO_2$浓度自实施船舶低排放控制区管理以来下降29%。推动交通通道复合利用，开展轨道交通场站用地综合开发，引导交通集约节约用地。

**1.7**　着力推进治理体系和能力现代化，交通发展环境持续优化。上海持续优化综合交通行政体制，成立上海市交通委员会、上海市道路运输管理局，组建综合执法队伍，基本形成大交通管理格局。充分发挥上海国际航运中心建设、公共交通优先发展等工作领导小组的作用，着力构建长三角区域交通一体化推进机制，综合交通协调工作机制逐步健全。修订《上海市道路交通管理条例》，出台《上海市推进国际航运中心建设条例》《上海市铁路安全管理条例》等，交通法规体系更加健全。持续推进“放管服”改革，实施地面公交、出租汽车、道路养护等重点行业改革，构建信用管理体系，为交通行业健康可持续发展创造良好环境。市区交通事权分工更加清晰，行业协会等第三方组织在交通治理中的作用更加凸显，公众参与渠道更加畅通，交通领域社会共治体系日趋完善。综合交通保障及应急管理服务能力不断提升，圆满完成进博会等重大活动交通保障任务，抗击新冠疫情期间港口、机场核心功能稳定运行，城市交通保障有力。

**1.8**　在取得快速发展和巨大成就的同时，上海交通仍存在一些突出问题：综合交通体系面向国际、国内、区域、市域的通达性和便利性仍需提高，上海国际航运中心软实力仍需增强，交通运行效率和服务品质仍待提升，交通可持续发展能力仍需强化，交通与经济、社会、生态的融合仍要加强。

## 二、形势要求

**1.9**　服务构建新发展格局要求提升交通支撑能力。当前，百年变局和世纪疫情交织叠加，全球经济贸易格局和国际秩序深刻调整，我国正加快构建新发展格局，上海将着力打造国内大循环的中心节点、国内国际双循环的战略链接。这就要求进一步提升上海国际航运中心能级，强化上海在国家综合立体交通网络中的枢纽功能，增强全球资源配置和国际国内连通能力。

**1.10**　拓展发展空间格局要求加速重构综合交通体系。长三角区域一体化发展上升为国家战略，上海提出加快形成“中心辐射、两翼齐飞、新城发力、南北转型”的市域空间新格局，将形成主城区、五个新城、上海大都市圈、长三角城市群由内向外逐步拓展的空间发展格局。这就要求着眼于更高的定位和更大的空间，重构多层次、一体化的综合交通体系。

**1.11**　推动高质量发展要求持续提升交通服务能级。进入新发展阶段，我国经济由高速增长阶段转向高质量发展阶段，上海都市圈同城化、人口老龄化、家庭少子化等特征更加明显，出行距离增加，非通勤出行比例提升，高品质、多样化、个性化的出行需求持续增加；小批量、多批次、高价值、时效强的货运需求快速攀升。这就要求不断提升客、货运服务品质，服务高质量发展、高品质生活。

**1.12**　适应新科技新形势要求交通系统主动革新。新一轮科技革命和产业变革方兴未艾，尤其是人工智能、5G、新能源等前沿新技术的广泛应用，将给经济、生活、治理带来颠覆性变化。交通已经成为重要应用场景，传统交通必将迎来历史性变革。这就要求准确识变、科学应变、主动求变，加快交通规划、建设、运营、管理体系的优化调整，适应和引领未来交通演进新趋势。

**1.13**　应对新约束新风险要求交通治理体系加快转型。随着国土空间规划制度改革，碳达峰碳中和纳入生态文明建设总体布局，土地、能源、生态等资源要素约束逐步刚性化。气候变化、网络安全、突发公共卫生事件等安全风险上升，交通行业健康可持续发展面临更大挑战。这就要求加快交通治理体系和治理能力现代化，在治理理念、体制、机制、模式等方面加快转变，进一步提升治理效能。

**1.14**　面对上述形势，上海交通在发展理念上要实现“六个更加注重”：更加注重交通与经济社会融合发展，更加注重区域及城乡交通一体化发展，更加注重交通服务品质与运行效率统筹发展，更加注重交通增量设施与存量设施协调发展，更加注重交通智慧绿色韧性发展，更加注重交通领域多元化社会共治。

# 第二章　总体要求

牢牢把握战略新机遇,积极应对发展新挑战,加快构建面向未来的高质量一体化交通。

## 一、指导思想

2.1　以习近平新时代中国特色社会主义思想为指导,深入贯彻习近平总书记考察上海重要讲话精神,立足新发展阶段,贯彻新发展理念,服务构建新发展格局,统筹发展和安全,践行人民城市重要理念,持续完善综合交通体系更好服务国家战略,着力提升交通服务水平更好满足高品质生活,加快打造智慧绿色韧性交通更好推动高质量发展,构建现代化交通治理体系更好实现高效能治理,打造"人为本、效为先、智为擎、绿为底、韧为基"的高质量一体化交通,为建设"人民满意、保障有力、世界领先"的交通强市,提升城市能级和核心竞争力,加快建设具有世界影响力的社会主义现代化国际大都市提供坚实支撑。

## 二、愿景目标

2.2　上海交通发展的总目标是构筑"人本、高效、智慧、绿色、韧性"的国际大都市高质量一体化交通。

**2.3 人本。** 以人为本、交通为民的理念更加凸显。交通出行更加便利，出行选择更加丰富，全龄友好性显著提升，交通环境更好适应创新型社会和高品质健康生活需求，交通秩序和安全显著改善。中心城平均通勤时间控制在45分钟以内，形成“30、45、60”新城出行圈①，引导职住平衡，降低极端通勤人口比例，道路交通事故万车死亡率持续下降。

**2.4 高效。** 建成融入国家交通网络主骨架、支撑长三角区域交通一体化、与本市国土空间布局相协调、多种方式融合发展的综合交通体系，有力支撑全国123出行交通圈②和全球123快货物流圈③，实现长三角主要城市2小时可达，上海大都市圈主要城市1.5小时可达。

**2.5 智慧。** 基本建成交通基础设施智能化、交通工具自动化、交通服务管家化、交通治理孪生化的智慧交通体系。基本实现关键交通基础设施全要素全周期数字化，交通枢纽与通道全面智慧化，全面实现出行“一票制”、货运“一单制”、付费“一码通”，智能网联服务场景融入市民生活。

**2.6 绿色。** 绿色出行体系更加健全，中心城绿色交通出行比例不低于75%。货运结构更加优化。新能源、清洁能源应用比例显著提升，交通生态环境影响根本好转，$NO_x$ 污染物排放减少30%，力争实现交通碳排放量（不含航空、水运）达到峰值，确保航空和水运碳排放量增长保持在合理区间。

---

① 30分钟内部通勤并联系周边中心镇，45分钟到达近沪城市、中心城和相邻新城，60分钟衔接国际枢纽。

② 都市区1小时通勤、城市群2小时通达、全国主要城市3小时覆盖。

③ 国内1天送达、周边国家2天送达、全球主要城市3天送达。

**2.7 韧性。** 动态适应自然灾害、气候变化、公共卫生事件等外部扰动对交通系统的影响，打造更具弹性和适应性的基础设施和运输服务体系，应急处置和快速恢复能力显著提升，保障交通正常运行和国际国内物流供应链畅通。

## 三、战略取向

2.8　坚持综合交通统筹融合发展。践行国土空间规划新理念，强化交通空间与生产、生活、生态空间统筹，促进交通与城市融合发展，均衡交通需求分布。推进多种交通方式融合发展、交通基础设施复合化，提高资源利用效率。推进交通与互联网、旅游等产业融合发展，拓展交通服务的外延与内涵。强化交通与城市协同治理、与区域联动发展。

2.9　坚持公共交通和慢行交通优先发展。在用地、投资、建设、运行、服务等方面，充分体现公共交通和慢行交通优先。大力支持轨道交通、中运量公交和高品质公交专用道建设，保障公交、慢行路权优先，合理布局非机动车停放空间。强化小客车需求调控，综合施策降低小客车出行依赖，保障道路交通服务水平总体受控。把握新城建设和城市更新契机，优化设施配置，提升服务体验，让绿色交通出行成为新时尚。

2.10　坚持迭代升级引领高质量发展。转变发展理念，强化科技赋能、绿色发展、安全发展，推动交通领域质量变革、效率变革、动力变革。增强现代治理思维，更加突出区域差别化、全生命周期管理理念，更加强调法治、数治多手段综合治理，更加注重多元主体参与交通治理，全面提升交通治理效能。

# 第一篇　打造更高能级的现代化交通更好服务国家战略

上海是国家战略的重要承载地，谋划上海交通必须胸怀全局，牢牢把握国家赋予的“五个中心”定位，以及“三大任务、一大平台”、浦东新区打造社会主义现代化建设引领区等重大战略机遇，巩固提升国际海空枢纽地位，加快完善区域和城乡综合交通体系，支撑上海都市圈空间格局的重塑与优化拓展，支撑上海引领长三角区域一体化发展，支撑上海打造国内大循环的中心节点和国内国际双循环的战略链接。

# 第三章　提升上海国际航运中心影响力，增强双循环链接能力

上海国际航运中心正在从“基本建成”向“全面建成”迈进，要持续巩固提升国际海空枢纽地位、提升航运服务软实力，进一步增强全球资源配置能力，向成为世界一流国际航运中心的目标进军。

**目标**

3.1　国际海空枢纽能级居世界前列。夯实上海港在长三角世界级港口群的核心和引领地位，初步形成上海全球城市多机场体系，引领长三角建设具有国际竞争力的世界级港口群和机场群。上海港保持集装箱吞吐量世界领先，设施能力满足年集装箱吞吐量 5500 万标准箱、年邮轮旅客吞吐量 450 万人次的发展要求，集装箱水水中转比例不低于 52%，海铁联运业务箱量年均增长 10% 以上。上海机场设施能力满足年旅客吞吐量 1.8 亿人次、年货邮吞吐量 650 万吨的发展要求。

3.2　国际性和开放度全面增强。上海航空枢纽旅客中转比例达到 17%。上海港港口连接度保持全球领先，集装箱国际中转比例达到 13%。航运要素加速集聚，航运服务辐射全球能级显著增强。

**原则**

3.3　注重区域协同、制度创新、科技赋能，强化国际海空枢纽

与城市、产业融合发展，依托航运服务培育新竞争力。

**行动**

## 一、巩固提升辐射全球的航运枢纽港地位

**3.4**　坚持区域港航协同发展，协同构建长三角世界级港口群一体化治理体系，支持港航企业以资本为纽带，在长三角地区和长江流域深化协同运营，共建辐射全球的航运枢纽。

**3.5**　集约利用岸线资源，持续推动既有港区功能布局调整，推进小洋山北侧综合开发，加强优质岸线的规划和储备，预留港口发展战略空间，提升集装箱枢纽港服务能力。

**3.6**　增强长江口航道通过能力，加快推进河海直达通道建设，提升海铁联运节点和通道能力，持续提高水水中转和海铁联运比例。

**3.7**　适应旅游消费转型升级趋势，丰富邮轮旅游产品，完善配套交通服务，打造国际一流邮轮港。

**3.8**　统筹优化水上安全监管和应急救助系统设施装备布局，建设上海国际航运气象保障基地，提升水上导助航设施智能化水平，构筑现代化综合航海保障体系。

## 二、建设最具影响力的世界级航空枢纽

**3.9**　发挥上海航空枢纽在长三角机场群的核心作用，探索机场间合作机制，共建长三角世界级机场群。

**3.10**　推进浦东国际机场T3航站楼建设，提升虹桥国际机场保障能力和运营效率，开展通用机场规划研究，支持规划建设南通新机场，加快构建跨区域的全球城市多机场体系。

**3.11**　推进浦东综合交通枢纽建设，整合浦东国际机场、铁路上海东站、轨道交通等资源，创新多式联运模式，打造“高标准、一体化、全融合”的世界级综合交通枢纽。

**3.12**　争取开辟“一带一路”沿线国家航线，全力拓展亚洲最高水平的洲际航线，巩固亚洲航线，发展高品质国内航线，打造世界级航线网络和洲际转运中心。

**3.13**　持续完善浦东国际机场货邮配套基础设施，优化货运航班时刻资源配置，鼓励航空公司开辟全货机航线、提高客运航班腹舱载货率，支持邮政快递企业构建国际航空寄递网络体系，打造全球领先的航空货运枢纽港。

**3.14**　支持基地航空公司打造成为世界级超级承运人，支持航空市场主体多元化发展。

**3.15**　完善空管保障体系，推进上海终端区空域扩容和结构优化。构建全向辐射的航路航线网络。推进空域结构优化。支持通用航空发展。

## 三、提升航运服务能级和国际影响力

**3.16**　依托航运服务集聚区建设，培育形成航运与科技、金融、法律、教育、制造、旅游融合发展的产业集群，打造具有国际影响力的上海航运服务品牌。

**3.17**　实施更加开放的国际运输管理，创新口岸监管模式，探索建立国际一流的航运发展制度和运作模式，为航运发展创造稳定、公平、透明的环境。

**3.18**　深化国际航运事务合作，积极参与国际航运规则制定，把北外滩国际航运论坛打造成为国际航运领域的重要观点交流平台、重要政策发布平台、重要规则孕育平台，提升国际话语权和影响力。

# 第四章　推动长三角交通一体化发展，引领区域提升全球竞争力

长三角区域一体化发展上升为国家战略,城市群、都市圈同城化出行需求快速增长,上海必须面向全国、立足长三角、聚焦上海大都市圈,加快完善对外交通体系,引领长三角一体化交通体系构建,全面融入国家综合立体交通网,支撑长三角打造强劲活跃增长极。

**目标**

**4.1**　多层次、一体化的对外交通体系更加完善,区域交通协同治理体系更加健全。多网融合的轨道交通网络基本形成,上海在全国的综合交通枢纽地位进一步提升,实现近沪地区1小时、上海大都市圈1.5小时、长三角主要城市2小时可达。

**原则**

**4.2**　强化多网融合的轨道交通在对外交通中的骨干作用。利用铁路主辅站和新城枢纽,打造多层次的铁路客运枢纽体系。以协同发展机制为牵引,推动交通设施、服务互联互通。

**行动**

**一、共建轨道上的长三角**

**4.3**　重点加强沿江、沿海通道建设,推进沪渝蓉铁路、沪乍杭铁路规划建设,系统研究跨杭州湾通道,加快形成"五向十二线"

干线铁路网，更好融入国家铁路网。

**4.4**　优化既有通道功能，推动沪杭城际等服务都市圈出行的城际铁路规划建设，引导中短途客流向城际铁路转移。

**4.5**　推进既有铁路站线资源改造，利用既有铁路服务城市客运，挖掘已有普速铁路富余运力服务市域出行。

**4.6**　加强市域铁路与长三角城际轨道交通衔接，推进嘉闵线北延伸、上海示范区线、金山至平湖线等规划建设，加强运营服务标准统一，推动安检便利化和信息共享，实现联网运营。

**4.7**　完善铁路站功能布局，推进上海东站加快接入国家高铁网络，虹桥站优先保障面向全国和长三角主要城市的高铁接入，为更高速轨道系统接入预留条件。提升宝山站、松江南站等车站面向区域的直连直通水平。

**4.8**　利用新城枢纽锚固入沪干线铁路和城际铁路，增加干线铁路始发和中途停靠班次。

## 二、提升公路网络和运输服务能力

**4.9**　加强跨省高速公路与普通国省道路的规划建设，推进既有高速公路拥挤路段扩容改造，优化高速公路出入口设置、提升服务区品质，推进近沪地区路网融合，研究崇明岛、洋山港的跨江跨海新通道，提升对外公路网络通达能力。

**4.10**　积极发展铁路尚未覆盖区域的道路客运网络，持续优化衔接机场、铁路等重要交通枢纽的道路客运线路。

**4.11**　结合道路客运班线调整，整合主城区道路客运站，优化新城和郊区客运站布局，推进既有客运站功能向多元化转型。

**4.12**　有序推进省际毗邻客运公交化服务,引导并规范开展通勤班车(包车)、旅游客运专线、短途驳载等特色业务,提供多样化、差异化的道路客运服务。

## 三、完善水运网络和码头布局

**4.13**　加强长三角内河高等级航道建设和养护的标准、时序对接,完善"连接苏浙、对接海港"的内河高等级航道网。

**4.14**　积极创新内河港区投资、建设与经营模式,推进集约化、规模化公用港区建设。

## 四、创新区域一体化交通协同发展机制

**4.15**　健全区域一体化交通综合管理机制,加强区域联动,协同推进交通规划、建设、运营、管理。

**4.16**　构建区域一体化交通法制协同保障制度,探索交通事权的协同立法。

**4.17**　推进区域行政管理信息互通、政务服务跨省通办、交通执法联勤联动。

**4.18**　打破行政壁垒,加快交通运输市场一体化进程,推进交通领域信用体系建设和信用评价结果互认。

**4.19**　发挥国家战略承载区作用,以建设长三角生态绿色一体化发展示范区、虹桥国际开放枢纽、上海自贸试验区临港新片区等重要平台为契机和重点,先行先试探索交通协同发展机制。

# 第五章　完善市域交通体系，支撑空间拓展新格局

上海市域发展空间格局正加快优化重塑，主城区、新城、新市镇、乡村等不同区域交通功能目标差异化更加突出，必须进一步强化交通的引导和支撑作用，优化不同区域的交通体系，促进交通与城市融合发展。

**目标**

**5.1**　主城区交通承载力进一步提升，轨道交通站点600米范围内用地面积覆盖率超过40%。新城相对独立的综合交通体系基本建成，实现“30、45、60”时空目标。新市镇交通体系更加健全，城乡交通融合发展。

**原则**

**5.2**　强化交通对优化城市空间布局的引导和支撑，推进交通改善与城市更新相互促进，推动产城融合和职住平衡。注重区域差别化发展。

**5.3**　强化市域线、市区线、局域线“三个1000公里”规划建设，以公共交通发展为导向提升空间组织效能。

**行动**

**一、提升主城区交通承载力和时效性**

**5.4**　适度加密中心城北部、东部地区轨道交通网络，加强对

发展潜力地区和沿黄浦江等主要客流走廊的轨道交通服务。在中环附近预留轨道交通成环运行条件。进一步提升主城区轨道交通线网密度和换乘效率。

**5.5** 研究规划新增轨道交通线路的快慢线复合功能，加快市域快线建设，提高重要交通枢纽、核心商圈、重点功能区之间联系的时效性。

**5.6** 完善高快速路网，强化北部地区快速路网功能，优化提升外环线功能，加强道路与周边用地的深度融合。

**5.7** 完善主干路网，突出立体化、复合化理念，构建南北通道、东西通道等骨干通道。完善跨江越河通道，提升沿江沿河地区出行便利度。

**5.8** 完善“窄马路、密路网”的支路网，增设和开放公共通道，提升全路网密度。

**5.9** 健全主城片区道路网体系和局域公交系统，引导城市功能布局向公共交通走廊、枢纽集聚，实现轴带式开发。

## 二、打造相对独立的新城综合交通体系

**5.10** 加强新城对外交通枢纽规划建设，融合多种交通方式，强化与门户枢纽、重点地区及新城之间的快速联系，增强新城枢纽的对外连通和高效换乘功能。

**5.11** 推进干线公路与新城道路有效衔接，促进城乡路网一体化。适时构建新城内部快速路网系统，启动既有穿越新城高快速路立体化改造，逐步实现过境交通分离、到发交通快速集散功能。提高重点更新地区路网密度。

5.12　完善新城多层次公共交通体系，构建与轨道交通网络无缝衔接的新城中运量等骨干线公交网络，优化新城区域线、微循环线公交网络。加强新城与周边新市镇、乡村的公交联系。

5.13　依托新城水系、名园等资源禀赋，打造各具特色的高品质慢行交通网络。

## 三、完善新市镇和乡村交通体系

5.14　核心镇完善交通基础设施和交通服务，增强对外轨道交通连接功能，强化与近沪地区、新城、主城区的公共交通衔接，加强对周边城镇和农村地区的交通辐射。

5.15　中心镇突出公共交通的引导作用，按照中等城市标准配置交通基础设施和交通服务，强化对城镇圈的交通辐射。提升中心城周边中心镇与中心城之间的通勤交通联系。

5.16　一般镇按照小城市标准配置交通基础设施和服务，内部倡导以慢行交通为主导的交通模式，对外增强以公共交通为主的出行便捷性，积极打造绿色低碳交通发展典范。

5.17　推进“四好农村路”高质量发展，加强路域综合环境整治。提升乡村公交站点品质。促进乡村现代物流发展，完善乡村邮政快递服务网络。

## 四、强化交通引导城市发展

5.18　健全交通战略规划、发展规划与城乡空间规划紧密衔接的交通规划体系，在控制性详细规划中细化交通基础设施要素内容，保障交通基础设施用地。

**5.19**　坚持用地开发强度与交通承载力相匹配，充分发挥建设项目交通影响评价制度的指导和约束作用。

**5.20**　按照分级分类原则，构建国际（国家）、区域、城市三级综合交通枢纽体系，更好发挥综合交通枢纽高效衔接多种交通方式、实现一体化运输组织的关键节点作用。

**5.21**　推动综合交通枢纽周边地区统一规划，创新一体化开发建设管理模式，实现站城一体、产城融合，提升枢纽经济发展活力。

**5.22**　创新公共交通引导发展（TOD）模式，优化交通划拨用地综合利用机制，在满足交通主体功能的基础上，推进交通枢纽场站综合开发。

**5.23**　倡导集约立体的场站设计布局，进一步提升轨道交通车辆基地和枢纽站点、地面公交场站等设施用地的空间紧凑利用。

**5.24**　统筹推进城市更新与交通设施改善，依托城市更新推进地区交通设施完善，结合交通设施改善项目对周边地区进行一体化更新改造。

# 第二篇　打造更高品质的人民满意交通更好服务经济民生

交通是重要的民生，必须把“人民城市人民建，人民城市为人民”重要理念贯彻落实到交通发展各方面。未来上海交通必须更好服务经济民生，强化市场机制作用和信息技术应用，更好满足居民生活水平和生活质量提升的要求，更好适应创新型社会和老龄化社会对交通服务要求的变化，打造更高品质的人民满意交通。

# 第六章 打造集约多元的客运服务体系，提升交通出行体验

当前，城市交通拥堵常态化、出行需求多元化、交通模式多样化趋势更加明显，公共交通优先发展仍然是超大城市解决交通拥堵问题的根本途径。要继续坚持公共交通优先发展战略，打造"公交都市"升级版，构建以集约化交通为主体的多层次出行服务体系，让出行更美好。

**目标**

**6.1** 打造可靠、舒适、便捷、经济的客运服务。

**6.2** 中心城公共交通出行比重（不含步行）不低于50%。轨道交通高峰时段车厢满载率控制在90%以内。高峰时段地面公交与地面道路小客车的行程车速比值不低于1∶1.2。80%以上的轨道交通站点周边50米半径范围内有公交线路换乘。

**原则**

**6.3** 坚持公共交通优先发展，完善以轨道交通为主体、地面公交为基础、轮渡为特色、出租汽车为补充、共享出行为拓展的多层次一体化客运服务体系。

**6.4** 坚持服务均等、效率优先，多方式协同、多元化供给，全面提升以公共交通为主体的出行链服务体验。

## 行动

### 一、打造高效可靠、功能融合的轨道交通服务

6.5　加强既有线网增能改造，缓解高峰时段客流拥挤，提高乘客乘坐舒适度。

6.6　在轨道交通站点内部，打造更顺畅的换乘流线、更清晰的引导标识、更宜人的换乘环境，进一步提升轨道交通换乘体验。

6.7　适应现代都市生活节奏，增强轨道交通站点商业、生活、文化功能配套，丰富消费和生活场景，促进通勤与生活深度融合。

6.8　适应轨道交通网络规模拓展和多网融合的要求，利用现代信息技术，进一步提升超大规模网络运营管理能力，保障轨道交通系统高效、可靠运行。

6.9　健全城市轨道交通与市域铁路一体化运营的管理机制，强化票制票价、导向标识、安检标准等衔接。

6.10　根据多层次轨道交通网的功能定位，健全轨道交通票制票价体系，满足乘客多样化出行需求。

### 二、打造层次清晰、便捷舒适的地面公交服务

6.11　适应以轨道交通为主的出行模式，依托骨干公交通道建设，优化完善由骨干线、支线（区域线）、接驳线及多样化线路组成的多层次线网结构。优化线路命名规则，提高线路辨识度。

6.12　做强骨干线，依托客运走廊设置，强化公交路权和信号优先，缩小发车间隔，提供快速、可靠、准点的公交服务。

6.13　在主城区具备条件的骨干公交走廊上，构建与轨道交通功能互补、换乘便捷的中运量系统。

**6.14**　优化支线（区域线），均衡网络密度，提供可达性高、覆盖面广的公交服务。客流低于一定强度的线路鼓励采用定班车运营模式。

**6.15**　增设接驳线，强化主要社区之间及社区与轨道交通、骨干线之间的衔接，打造更灵活、更便捷的“最后一公里”公交服务。

**6.16**　普及公交中途站点车辆实时到站信息预报服务，提高车辆到站信息预报服务准确度。有条件的线路推出固定时刻表服务。

**6.17**　强化市、区两级政府主体责任，完善以成本规制为基础、与服务质量挂钩的公交财政补贴机制。

## 三、打造宜行宜游、特色鲜明的水上客运服务

**6.18**　优化水路公共客运航线，完善基础设施更新改造资金投入以及换乘优惠机制，改善乘客出行条件。

**6.19**　推进文化、旅游与水上客运深度融合，培育水上客运发展新功能，将黄浦江、苏州河游览打造为功能完善、内涵丰富、便捷舒适的“水上会客厅”。

## 四、打造规模合理、体验良好的出租汽车服务

**6.20**　综合考虑经济社会发展状况、公共交通服务水平、道路交通承载力等因素，对出租汽车总量实施动态调控，将其在城市出行方式结构中的占比保持在5%以内。

**6.21**　合理确定网约车与巡游车的比例，引导两者融合发展，形成相互补充、协调发展的格局，为乘客提供多层次、差异化的个

性交通服务。

6.22 统筹规划并加快建设出租汽车候客站,完善“一键叫车”服务,形成“以互联网、电话预约叫车为主,候客站候客与巡游为辅”的服务模式。

6.23 出租汽车经营权实行无偿有期限制度,完善以服务质量为核心的经营权考核制度。加强驾驶员权益保护,创新企业与驾驶员利益合理分配、运营风险共担的经营模式。

6.24 进一步完善巡游车基于政府指导价的运价机制,完善与经营成本、物价指数等挂钩的巡游车运价动态调整机制。

## 五、打造灵活多样、规范有序的共享出行服务

6.25 引导汽车租赁健康、有序发展,鼓励租赁企业围绕市场需求创新经营与服务模式。

6.26 规范定制客运服务,鼓励多元化发展,允许其规范使用有条件的公交枢纽、站点、专用道。

6.27 坚持合乘出行非营利性定位,加强治理非法营运行为。探索有利于降低自驾出行意愿的出行服务新模式。

## 六、推进多种客运交通方式融合发展

6.28 新建轨道交通站点的配套交通设施与车站同步规划、设计和建设,既有轨道交通站点可通过设置“微枢纽”完善配套交通设施,优化换乘环境。优化轨道交通出入口设置。

6.29 继续推进轨道交通与地面公交“两网”融合,加强运营信息共享、首末班车时间衔接。

**6.30**　坚持市内轮渡及三岛客运作为城市公共交通体系重要组成部分的定位，持续完善换乘体系，实现轮渡与其他交通方式高效衔接。

**6.31**　完善公共交通、出租汽车等交通工具的无障碍设施，提升老年人、残疾人交通出行体验。

**6.32**　坚持公共交通公益属性，丰富公共交通票制，优化票价优惠政策，吸引市民选择公共交通出行。研究建立公共交通票价动态调整机制。

# 第七章　打造动静平衡、运行高效的道路交通

小客车持续进入家庭，道路交通供需矛盾更趋严峻，新能源车辆占比快速提升，车辆拥有和使用政策、道路交通管理手段已难以适应新形势，亟须优化调整。

**目标**

**7.1**　培育“理性购车、合理用车、有序停车”理念，全市小客车使用强度下降25%，快速路网高峰小时平均车速保持在40公里/小时左右，静态交通与动态交通相协调。

**原则**

**7.2**　坚持车路平衡和区域差别化，继续实施小客车拥有管理，更加突出使用管理。

**7.3**　坚持精细化管理，利用先进的道路交通管理技术提升道路运行效率。

**7.4**　适度满足基本停车需求，有效引导出行停车需求，充分发挥停车管理对交通需求的调节作用。

**行动**

## 一、引导车辆有序发展和使用

**7.5**　坚持小客车总量调控，逐步推动新能源车辆与传统燃油

车辆统筹管理，引导车辆有序增长。

7.6　完善郊区小客车号牌申领政策，鼓励新城因地制宜探索经济手段调节小客车使用。

7.7　加强长期在沪使用的外省市号牌小客车通行管理，适时调整通行范围和规则。引导短期访沪的外省市号牌小客车错峰出行。

7.8　深化研究以经济杠杆和碳减排控制为主要手段的交通需求管理政策，引导市民形成“平时少开车、高峰不开车”的绿色出行新风尚。

7.9　延续现行的摩托车管控政策。

## 二、提升道路通行效率

7.10　拓展主城片区、新城、新市镇道路交通自适应信号系统的应用范围和功能，丰富流量采集检测手段，优化交通信号灯配时，进一步提升道路通行能力。

7.11　加强高峰时段道路交通秩序管理和疏导，强化道路施工期和重大活动期间的交通组织保障。

7.12　升级高快速路路网情报系统的研判和诱导功能，强化高快速路出入口与地面交通协同管控。

7.13　探索单向两车道设置公交专用道或合乘车道，推进公交专用道成网，逐步消除公交专用道断点。保障公交专用道在交叉口路权相对独立，提高公交专用道运行效率。

7.14　常态化开展道路交通运行分析和研判，创新交通组织理念和技术，系统性制定拥堵治理方案，加强对重点拥堵区域和节点的治理。

**7.15** 完善高速公路收费政策，优化差异化收费方案，均衡路网流量。

### 三、优化停车供给和服务

**7.16** 根据道路交通承载力、车辆保有量变化等因素修订停车配建标准，适度增加住宅小区、医院、学校等基本停车供给，控制拥堵区域车位配置水平。

**7.17** 坚持道路停车短时、限时导向，严格控制交通拥堵区域道路停车泊位设置，发挥道路停车对缓解小区夜间停车、医院和学校等临时停车需求的补充作用。

**7.18** 鼓励合理利用地上地下空间，建设新型智能机械车库。推进外环线以外地区轨道交通站点规划设置 P+R 设施。鼓励各类市场主体投资、建设、运营城市停车设施。

**7.19** 针对老旧小区、医院等停车矛盾突出的重点区域，开展综合治理，通过挖掘内部增建潜力、盘活存量停车资源、规范停车管理秩序、推动停车资源错峰共享利用等举措，逐步缓解停车矛盾。

**7.20** 健全主要由市场调节的停车收费机制，探索基于拥堵指数的停车价格调控措施。优化与停放时长挂钩的道路停车差异化收费政策，强化道路停车费征收保障措施。

**7.21** 完善公共停车信息平台，建设智慧公共停车场（库）和智慧道路停车场，拓展便捷停车应用场景，打造更规范、更便利的停车服务体验。

# 第八章　打造全龄友好、活力四射的慢行交通

慢行交通是最基础的交通方式,慢行交通空间也是城市公共空间的重要组成部分。提升慢行交通品质,是出行更便捷友好、城市空间更具活力的有效保障。

**目标**

8.1　打造宜行宜骑、全龄友好、空间融合的慢行交通环境,更好适应创新发展和美好生活需求,更好惠及全体市民。

**原则**

8.2　坚持慢行交通路权优先,保障慢行设施连续完整。

8.3　结合城市更新和“15 分钟生活圈”建设,强化慢行交通与城市公共空间贯通融合,打造活力四射的慢行交通空间。

**行动**

## 一、打造宜行宜骑的慢行交通网络

8.4　建成区通过融合利用城市道路、公共通道、绿地、滨江地区绿道,新开发地区通过建设高密度街区、小尺度路网,构建连续完整的慢行交通网络。

8.5　加强跨越黄浦江、苏州河等水系和跨越铁路、高快速路等交通设施的慢行系统规划,提升慢行交通可达性。

**8.6**　综合利用优化路权分配、优化断面、辟通断点、立体化改造、引导禁非道路弹性开放等措施，构建连续的、相对独立的非机动车网络，进一步提升非机动车道网络密度和通达性。

**8.7**　提升步行设施连贯性和舒适性，保障人行道有效通行宽度（不低于1.8米），鼓励建筑退界空间与城市道路人行道统筹布局，鼓励有条件的公共地块打开围墙，保持人行道铺面的平整完好和舒适美观。

**8.8**　围绕综合交通枢纽、公共交通站点等人流较为集中的交通设施，构建复合立体、相对独立的慢行系统，优化交通接驳环境。

**8.9**　优化非机动车停车点设置，鼓励利用建筑退界空间组织非机动车临时停放。

**8.10**　规范互联网租赁自行车经营服务行为，引导行业有序发展。

## 二、营造全龄友好的慢行交通环境

**8.11**　行人过街优先采用平面过街方式，结合轨道交通站点、商业连廊等设置一体化的立体过街设施。统筹车辆通行和不同人群过街需求，优化行人过街信号灯周期设置。

**8.12**　在保障安全的前提下，综合考虑道路断面形式、设计速度、非机动车流量等因素，机非隔离设施尽量减量化设置。

**8.13**　在商业区、居住区、医院、中小学等公共建筑出入口处，采用人行过街横道线空间抬高、交叉口缩窄、设置减速缓冲带等稳静化措施，降低机动车车速，改善慢行体验。

**8.14**　推进无障碍设施与交通设施同步规划、同步设计、同步施工、同步验收投入使用，并与周边的无障碍设施相衔接。推进人行天桥加装电梯，加快既有慢行交通设施的无障碍化改造。

8.15　推进交通基础设施适儿化改造，加强儿童友好出行系统建设和社区交通综合整治，提升儿童出行的安全性。

8.16　在新城建设、城市更新等过程中，加强示范引领，创建零高差示范街区，建设更高标准的慢行出行环境。

## 三、塑造人性化高品质的慢行交通空间

8.17　以城市更新为契机，对地上、地下空间进行综合统筹和一体化提升改造，实现公共活动中心与交通枢纽等空间充分整合，提高空间资源利用效率，激发片区活力。

8.18　强化街道空间整体设计，加强建筑退界空间整合利用和道路红线内外一体化设计，创建活跃的沿街界面。

8.19　以“一江一河”为重点，建设垂江慢行通道，优化滨江空间慢行路网与腹地路网的联系，提升滨河慢行体验和过河的便捷性。

8.20　促进慢行系统与城市绿道有效衔接，同时串联城市公共空间，打造集通行、游憩、健身、休闲等功能于一体的慢行系统，提升城市活力。

8.21　注重交通空间环境品质，加强交通空间与生态环境、人文风貌、艺术气质等要素的呼应融合，塑造富有特色的交通空间形态。

# 第九章　打造高效货运体系，助力畅通经济循环

港口货物吞吐量高位运行、产业结构持续升级、线上消费成为主流，对货运体系的时效性和可靠性提出更高要求，上海需进一步调整货物运输结构、优化运输组织模式，提高货运体系的服务质量和效率，在支撑经济高质量发展的同时减少对城市生活环境的影响。

**目标**

9.1　货物运输结构更加优化，铁路、水路货运量占全社会货运总量比例进一步提高；港口集装箱公路集疏运比例稳步下降。货运服务更加高效、规范、经济。

**原则**

9.2　发挥各种运输方式比较优势，引导公路货运向铁路和水路转移。多措并举降低物流运输成本。

9.3　坚持客货交通的空间适度分离和差异化管理。

**行动**

**一、优化调整货运结构**

9.4　鼓励海铁联运发展，稳定开行海铁联运班列，推动海运箱和铁路箱“互使互换”，促进海铁联运市场发展。

9.5　大力发展江海联运和江（河）海直达运输，持续推进江海直达、内河集装箱运输船型标准化，加强沿江、内河港航物流信息对接和业务协同，提升水水中转比例。

9.6　依托沿江、沿海通道建设，提升铁路货物运输能力，推进大宗货物“公转铁”。

9.7　支持高铁快递、电商快递班列发展，积极探索电商货物、快件等运输“公转铁”。

9.8　推进中欧班列稳定开行，研究筹划开行从上海出发到其他方向的跨境班列。

9.9　按照“客内货外、外集内配”原则，优化调整铁路货运场站布局，更好发挥铁路服务区域、服务城市的能力。

9.10　鼓励港口航运、铁路货运、航空货运、货代等企业及平台型企业加快向多式联运经营人转型。

## 二、提升城市配送服务水平

9.11　完善智能终端布局，加强与物业、便利店等融合，打造“家门口的取货点”。

9.12　以商圈、生活圈、园区等为重点，创新统一配送、集中配送、共同配送等集约化运输组织模式，给予更多通行便利，提升城市配送效率。

9.13　探索基于车型和时间窗的货车通行管理政策，提高新能源配送车辆通行证配额。推行货运通行证电子化。

9.14　严格落实新建商业建筑物装卸车位设置标准，规范设置配送专用装卸货场地。以商圈和生活圈为重点，规范设置配送车辆临时停靠区域。

## 三、营造公平有序的市场环境

**9.15**　鼓励货运企业拓展服务网络，延伸服务链条，向现代物流服务商转型。

**9.16**　鼓励货运平台规范、有序发展，促进供需匹配，提升货运效率。

**9.17**　加强数据共享，强化对货运市场基础数据、运行情况的统计和监测，为政策制定提供支撑。

**9.18**　在高速公路服务区、骨干物流通道货物集散地、物流园区建设“司机之家”，改善货车司机的工作生活条件。

## 四、促进货运与城市协调发展

**9.19**　优化调整主城区货运通道布局和黄浦江核心段水上货运功能，逐步推进外环线货运功能外移，减少货运对城市生活的影响。

**9.20**　研究在外高桥等地区打造与货运场站衔接良好的道路货运专用通道的可行性，研究港口地下集疏运方式的可行性。

**9.21**　规划建设新城货运枢纽，在新城及周边地区预留城市物流转运中心用地。

# 第十章　强化规建管养一体化，保障设施健康服役

上海已建成超大城市交通基础设施体系，体量大、使用强度高、日常维护约束多，给设施的健康运行带来较大挑战。进一步提升设施规建管养水平，对增强设施的耐久性、可靠性和经济性，具有重要意义。

**目标**

**10.1**　规建管养全生命周期一体化管理体系基本形成，交通基础设施始终处于良好服务状态。

**10.2**　交通建设、养护技术达到世界先进水平，交通建设、养护市场更加诚信、公平、有序。

**原则**

**10.3**　坚持全生命周期管理理念，强化技术创新和制度创新，兼顾功能与效益，推进交通基础设施全过程管理转型升级。

**行动**

## 一、推行全生命周期管理

**10.4**　健全全过程参与、各环节衔接、闭环反馈等机制，形成规建管养全生命周期一体化管理机制。

**10.5**　坚持规划引领，统筹考虑设施的功能定位、建设规模以

及施工、运营、维护等阶段需求,推动配套设施同步规划、同步建设、同步投入运营。

10.6　强化主动预防性养护,构建与其相适应的运维养护管理和长周期养护资金配置模式,提高设施运维养护效率。

10.7　推广运维养护新模式,统筹交通、绿化、环卫等多种设施开展综合性养护,协调区域设施运维养护,提高养护总体效率。

10.8　探索道路设施"年轻化"更新模式,加大老旧设施更新改造力度,提升安全、耐久性能。

10.9　加强航道设施运维养护,系统开展航道疏浚,完善航标与水上服务设施设置,确保航道处于良好、安全通航技术状态。

## 二、加强智能建造与养护

10.10　在交通基础设施建造领域,强化"产学研用"一体化发展,推广性能可靠、先进适用的新技术、新材料、新设备、新工艺,高效控制施工质量、成本、进度。

10.11　提升动态感知能力,实现工程质量安全风险智能发现和自动预警,提高施工质量,保障施工安全。

10.12　结合新基建,应用先进检测技术,持续开展重大基础设施设备服役性能动态监测。建立数据驱动的养护科学决策机制。

## 三、完善建设与养护行业管理

10.13　完善交通建设与养护市场诚信体系,健全信用评价标准,强化信用结果应用,形成以诚信为基础的交通建设、交通设施养护行业管理模式。

**10.14**　健全交通建设工程地方性法规、规章，拓展项目推进市区联动机制，构建市、区统一的规建管养体系。

**10.15**　推动基础性、前瞻性、系统性标准研究，完善市域铁路等重点领域建设标准，加快形成推动交通工程高质量发展的建设标准体系。

**10.16**　建立公开、透明的市场监管制度和规范标准，引导道路（公路）养护市场主体规模化、多元化、专业化发展。

# 第三篇　打造可持续的智慧绿色韧性交通更好推动高质量发展

当前,数字化、低碳化转型加速推进,安全形势依然严峻,进一步增加了交通系统的复杂性,为交通发展带来新一轮机遇和挑战。未来上海交通发展必须坚持创新驱动和数字化转型,构建数字交通新生态;必须坚持碳达峰碳中和战略驱动,推进发展方式和运输结构的深层次变革;必须统筹发展和安全,把安全贯穿交通发展的各领域和全过程;必须加强和创新交通综合治理,打造共建共治共享的交通治理新格局。

# 第十一章　构建智慧交通体系，创造数字交通服务新体验

新一轮科技革命方兴未艾,5G、物联网、大数据、人工智能、区块链等技术与交通深度融合。上海交通将以数字化、网联化、智能化为导向,持续强化科技赋能,优化创新生态,不断拓展交通服务、交通设施、交通治理领域的应用场景,全方位推进交通系统迭代升级。

**目标**

**11.1**　基本实现关键交通基础设施全要素全周期数字化,基本建成交通基础设施智能化、交通工具自动化、交通服务管家化、交通治理孪生化的智慧交通体系。

**原则**

**11.2**　聚焦关键场景,以标准化、制度化的物联、数联、智联为牵引,推进智慧交通体系加速迭代升级。

**行动**

## 一、推进交通设施装备智能化

**11.3**　推进交通基础设施规划、设计、建造、养护、运行管理等全要素、全周期数字化,交通感知网与基础设施同步规划建设,实现交通基础设施全面升级。

**11.4**　建立交通设施数字资产交付标准体系，推动建筑信息模型（BIM）在规划、建设、运营、养护等阶段的应用。

**11.5**　构建云平台、新一代通信网络、新终端、边缘计算于一体的全栈式数字交通底座，实现线上虚拟运营和线下实际运营的同步关联、同步镜像和同步管理。

**11.6**　鼓励具备多维感知、高精度定位、智能网联等功能的载运工具和装备应用，逐步实现全自动化。

**11.7**　推动自动驾驶车辆和船舶发展，加快车联网、船联网建设。推动自动驾驶智能汽车规模化、市场化应用，有条件自动驾驶系统新车装配率显著提升。

## 二、创造智慧现代服务体验

**11.8**　建设出行即服务（MaaS）系统，构建以公共交通为主体的全出行链服务平台，为乘客开启“一票制”全程出行服务新体验。

**11.9**　推广符合老年人、残疾人需求特点的智能信息服务，优化完善传统服务模式，减少交通信息化服务“数字鸿沟”。

**11.10**　推进货运全过程各环节数字化转型，实现货运单证电子化和共享互认，提供全程可监测、可追溯的“一单式”物流服务。

**11.11**　加强数字化技术在公共交通运营调度、车站服务、安全管理、应急处置等方面的应用，有序推广全自动轨道交通运行系统。

**11.12**　拓展自动驾驶车辆应用场景，推动自动驾驶在出租汽车、共享出行、无人配送等方面的应用，结合新城发展特色，开展公交车、园区物流车、集装箱卡车等自动驾驶试点示范。

**11.13**　完善自动驾驶车路协同发展环境，系统性探索全车型、全出行链、全风险类型的自动驾驶，推动多场景自动驾驶商业化应用。

**11.14**　通过智能化手段，打造智慧机场、智慧港口、智慧公路、智慧航道、智慧枢纽、智慧邮政，推广自助式、无人化服务，提高运行效率、服务品质和防疫能力。

## 三、实现数字孪生交通治理

**11.15**　依托"一网通办"，以数据驱动交通行业管理流程再造，促进跨区域、跨层级、跨部门业务协同，实现交通行业政务服务更加高效便利。

**11.16**　深化"一网统管"，聚焦"两客一危"、交通工程建设、道路设施运行等重点行业和领域，加强多源多维数据分析，实现闭环监管、监测预警、趋势研判、模拟仿真等功能。

**11.17**　依托智慧道路（公路）建设，丰富"易的PASS"系统功能，加强交通态势精准研判，建立数据驱动的城市交通拥堵治理新范式。

**11.18**　拓展非现场电子取证、智能识别等技术在执法领域的应用，完善移动执法系统的开发和应用，推进交通行政执法向智能办案、智慧执法转变。

## 四、营造开放合作创新生态

**11.19**　逐步构建交通数据资源体系，完善数据管理相关制度，有序推动更大范围、更深层次交通数据共享使用，充分发挥数据的创新引擎作用。

**11.20**　在智能交通基础设施、出行服务、车路协同等重点领域，编制出台具有引领性的规范和标准，引导智能交通产业化发展。

**11.21**　建立政府引导、企业主导、产学研用深度融合的交通科技创新机制，搭建科技成果转化应用平台，加快交通领域科技应用。

**11.22**　支持和鼓励交通领域“卡脖子”技术率先突破。推进航空发动机、大型客机、高性能绿色船舶、海洋工程特种船舶、隧道工程、港口装备、深潜水、深远海搜寻扫测等特种装备技术研发。推进空域交通管理等运行管理技术创新与应用。

**11.23**　加强交通科技领域国际交流合作。建设一批具有国际影响力的实验室、试验基地、技术创新中心等创新平台，深化对外开放与国际合作。开展交通领域国际公约和规则相关的法规、标准前瞻性研究。

# 第十二章　促进绿色交通发展，推动实现交通碳达峰碳中和

我国已承诺力争于2030年前实现碳达峰、2060年前实现碳中和。交通是能源消耗和碳排放的重要领域之一，随着机动化水平持续提升，碳排放总量仍处于上升期。未来，将统筹能源消耗、生态环境保护与经济社会发展，加快推进交通低碳转型，显著降低交通生态环境影响。

**目标**

**12.1**　道路交通汽柴油等化石能源消费量进入平台期并逐步下降，力争实现交通碳排放量（不含航空、水运）达到峰值，确保航空和水运碳排放量增长保持在合理区间。

**原则**

**12.2**　锚定碳中和远景目标，综合应用技术、经济、行政等手段，实施污染物和碳排放协同控制，加速碳达峰进程。

**行动**

## 一、优化交通运输结构

**12.3**　持续推进货物运输结构调整，完善海空枢纽集疏运体系，推进大宗货物“公转铁、公转水”，加快海铁联运、水水中转、空铁联运等多式联运业务发展。

**12.4**　完善绿色交通出行体系,构建以轨道交通为主导的交通设施功能体系,打造便捷舒适的慢行交通环境,持续提升城市绿色出行比例。

**12.5**　强化交通需求管理,减少小客车出行依赖,探索打造“无车街区”。

**12.6**　建立基于低碳出行行为的碳普惠制度,通过绿色积分、碳积分等方式,激励和引导市民低碳绿色出行。

## 二、加快交通能源结构转型

**12.7**　加快公共领域车辆纯电动替代,加快重型柴油车辆新能源应用突破,持续提升新车销售量中新能源汽车占比。

**12.8**　积极探索氢燃料电池车辆商业化示范应用,适度超前布局加氢站。

**12.9**　加快打造快慢并重的充换电设施网络,提升公共领域快充桩比例,加快地面公交、出租汽车等运输业态集中式充换电场站建设。

**12.10**　推进电动船舶、LNG 动力船舶、混合动力船舶建造和改造。

**12.11**　持续完善港口岸电设施体系,增加供电能力保障,逐步实现泊位岸电设备全覆盖。完善配套政策和协作机制,推进靠港船舶岸电应用尽用。

**12.12**　推进非道路移动机械、港区内场及短驳运输车辆清洁能源替代,全面提升交通排放清洁化水平。

**12.13**　引导有序充电,开展智能电网、微电网和电池储能等应用试点，促进交通电动化转型与电网相协调。

**12.14**　结合自然条件加大光伏发电、风光互补供电系统应用，积极扩展生物柴油等生物质燃料在交通领域的应用，提高可再生能源利用比例。

## 三、提升交通领域节能治污能力

**12.15**　加强交通节能管理，实现交通重点用能企业能耗动态监测全覆盖。全方位推动合同能源管理，壮大节能服务产业。

**12.16**　提升交通基础设施建设和管养绿色化水平，提高交通建筑物节能效率。

**12.17**　淘汰高污染老旧交通工具，动态提升新车排放标准。全面落实机动车排放检测与强制维护制度，推进在用柴油车排放达标，减少机动车尾气排放。

**12.18**　加强船舶污染防治，拓展船舶大气污染物排放控制区管理要求，实质性推动船舶 $NO_x$ 减排。

**12.19**　推动船舶、港口环保设施改造，提升上海港船舶污染物接收转运处置全流程监测、监管能力。

**12.20**　加强工地、港区、机场等非道路移动机械排放管理，适时实施更严格的排放标准，推进实施远程在线监控，着力减少非道路移动机械污染物排放。

**12.21**　推广应用低噪声路面、声屏障等交通噪声污染防治新技术，降低交通噪声污染。

## 四、构建交通碳排放治理体系

**12.22**　加快构建交通领域碳排放数据监测、报告和核查制度体系，更好发挥碳交易和碳金融市场对交通领域碳减排的促进作用。

**12.23**　推广交通基础设施废旧材料、设施设备、施工材料等再生综合利用，鼓励废弃交通资源循环利用，开展交通基础设施生态化提升改造。

**12.24**　积极推动低碳、零碳、负碳等新技术研发、示范和应用推广，在长三角生态绿色一体化发展示范区、崇明世界级生态岛、“五个新城”等区域积极探索“双碳”路径模式试点示范。

# 第十三章　打造平安交通，增强交通系统韧性

交通安全事关人民群众生命财产安全，韧性交通体系是韧性城市建设的重要支撑。必须牢固树立安全发展理念和全生命周期管理理念，夯实交通安全基础，提升交通安全治理能力和治理水平，保障城市安全运行，提升人民群众安全感。

**目标**

**13.1**　适应超大城市经济社会发展需求的交通安全现代治理体系基本建成。交通行业安全生产事故死亡人数维持低位，重特大安全生产事故有效防范，道路交通事故万车死亡率持续压降。交通系统应急处置能力和韧性显著提升。

**原则**

**13.2**　统筹发展和安全，坚持源头管控、预防为主、综合治理，更加注重增强交通系统韧性。

**行动**

**一、健全安全治理体系**

**13.3**　持续完善跨部门协同监管机制，强化街镇、功能区属地责任，构筑横向到边、纵向到底的交通安全监管责任体系。

**13.4**　强化长三角区域协作，在危险货物运输、道路交通等重

点领域，推动安全联防联控和应急救援体系一体化，提升区域交通安全管理效能。

**13.5**　健全制度体系，落实全流程规范管理和全员责任制，进一步夯实企业安全生产主体责任。

**13.6**　建立健全交通领域安全风险分级管控、隐患排查治理、事故责任倒查整改、安全状况定期评估的全流程闭环管理体系，推动安全管理向除隐患、防风险为主转变。

**13.7**　健全覆盖交通工程建设、交通设施运行、交通运营组织、交通秩序管理全过程的交通安全标准规范和规则制度体系。

**13.8**　强化“数字管安”理念，更好利用科技手段提升安全生产和监管能力。

**13.9**　完善交通行业保险制度，鼓励保险机构开发推广交通安全责任险种，优化快速理赔及预赔付机制。

**13.10**　强化从业人员安全风险管控，鼓励企业对重点岗位人员进行心理测试，建立客货运行业高风险驾驶人清单机制。

**13.11**　丰富交通安全宣传教育形式，发挥交通文明志愿者示范引领作用，让安全意识深入人心，提升交通文明风尚。

## 二、强化交通本质安全与运行安全

**13.12**　完善关键交通基础设施安全技术标准规范，建立高等级道路交通安全评估机制，提升交通基础设施安全防护能力。

**13.13**　提升轨道交通运营安全风险管控和隐患排查治理水平，强化关键设施设备、大客流等主要风险点的动态监测、评估与预警，及时整改运营安全隐患，确保运营安全平稳可控。

**13.14**　构建铁路沿线安全环境治理工作体系，推进常态化隐患治理和长效监管，有效防范化解风险，保障铁路运行安全畅通。加强市域铁路安全防护基础设施保障。

**13.15**　加强“两客一危”行业安全管理，推广数字化监管，将动态监管结果纳入企业安全信用体系，与许可、执法等挂钩。

**13.16**　强化高速公路安全治理，进一步完善高速公路交通安全防护设施，持续推进视频监控全覆盖。

**13.17**　规范水路运输市场准入管理，加强港口运营安全和航道通航安全管理，加强内河跨航道桥梁等重要构筑物管理和黄浦江水域等重点区域管控，提升水上服务保障能力。

**13.18**　坚持依法监管，针对自动驾驶、市域铁路、游艇租赁、网络客货运等交通领域新模式、新业态，加快完善法规标准体系，提高安全法治化水平。

**13.19**　强化重点领域、重点部位消防安全管理措施，提高交通消防安全管理水平。

## 三、加强道路交通秩序管理

**13.20**　提升道路交通安全水平，加强事故多发路段治理，优化路网节点交通标志、标线设置，探索少交织的交叉口过街模式。

**13.21**　巩固交通大整治成效，加大机动车违法行为整治，持续营造机动车礼让行人氛围。

**13.22**　加大对非机动车相关违法行为的执法力度，夯实使用电动自行车从事经营活动的企业、个体使用者的安全主体责任，规范非机动车通行、停放、充电等行为。

## 四、提升应急处置能力和系统韧性

**13.23**　深化以“一案三制”（应急预案，应急管理体制、机制和法制）为核心的应急管理体系建设，推进综合交通运输调度与应急指挥系统联网建设，推动应急响应智能化，提升应急管理效能。

**13.24**　构建多层级综合运输应急装备物资和运力储备体系，强化轨道交通、水路运输、高快速路、桥梁隧道等领域应急资源保障。

**13.25**　加强应急救援专业队伍建设，强化社会救援协同能力，提升应急处置能力。

**13.26**　加强车（船、机）载网络、控制系统、移动通信等安全风险源管控，强化交通系统信息保密性、安全性、可靠性。

**13.27**　加强极端天气和自然灾害的监测预警和防范应对，强化重点时段、重大活动的交通应急保障能力，加强交通战备现代化建设，全面提升交通应急应战能力。

**13.28**　总结新冠肺炎疫情防控经验和教训，完善交通领域应对突发公共卫生事件的防控机制和应急预案，统筹疫情防控、交通运行，保障国际国内物流供应链畅通。

**13.29**　加强韧性交通顶层设计，将韧性理念贯穿交通规划、建设、运营、管理全过程，通过技术、模式、机制、政策等创新，全面提升交通系统受到外部扰动时的适应能力和快速恢复能力。

# 第十四章　优化交通治理体系，营造良好发展环境

按照法治政府和服务型政府的建设要求,营造良好的发展环境,促进交通运输与经济社会发展深度融合,激发交通创新能力,提升交通软实力。

**目标**

**14.1**　构建面向国际、区域协同、市区联动、行业一体、社会共治的超大城市综合交通治理体系,营造交通行业市场化、法治化、国际化的营商环境,形成共建、共治、共享的社会治理格局。

**原则**

**14.2**　充分发挥市场在资源配置中的决定性作用,更好发挥政府作用。完善法治、共治的制度规范体系,推动有效市场、有为政府、有序社会更好结合。

**行动**

**一、推进法治交通建设**

**14.3**　适应交通发展的新特点、新趋势,加强综合交通、新型交通、绿色交通、智能交通、平安交通等综合性、新领域的立法,注重法规、规章、规范性文件之间的衔接。

**14.4**　创新交通执法模式,强化区域(部门)联动执法,加强

行政协同，提升执法效能。

## 二、完善交通市场体系

**14.5**　推进交通领域“放管服”改革，深入推进简政放权，进一步取消、下放行政许可事项，构建以信用为基础的交通领域事中事后监管体系。

**14.6**　进一步优化市、区两级财政事权和支出责任划分机制，稳定交通基础设施建设与养护、公共交通运营等公共服务领域的财政资金投入。支持依法合规发行专项债券用于符合条件的交通项目。

**14.7**　进一步规范和创新政府和社会资本合作模式，建立合理的投资回报机制，鼓励和支持社会资本参与交通建设、养护、运输等领域。

**14.8**　优化财政资金扶持和政策引导，加强对运输结构优化、绿色低碳、科技创新、公共安全等领域的政策引导和资金支持。

**14.9**　加强交通运输成本监测，完善市场定价领域的价格监测预警体系。建立健全政府定价或指导价领域的价格调整长效机制。规范交通运输新业态、新模式价格管理。

## 三、构建社会共治体系

**14.10**　推进管理事权下放或扩大区级权限，增强新城交通发展自主权。

**14.11**　以强化基层治理为契机，进一步拓展街镇、社区在交通治理中的功能，让交通更加精准地服务社区需求。

**14.12**　健全公众参与制度和机制，畅通公众参与渠道，鼓励交通行业协会等社会组织加强行业自律，吸引研究机构、智库、高校等第三方参与政府交通重大事项决策。

**14.13**　强化大数据在交通调查中的应用，加快打造交通调查多源数据采集体系。深化综合交通模型建设与应用。

**14.14**　加强文明交通宣传和教育，持续开展文明行业创建，深入普及安全、绿色、文明出行理念，推动全社会交通文明程度持续提升。

**14.15**　讲好上海交通故事，传承创新优秀交通文化，弘扬新时代交通精神。

## 四、打造交通人才高地

**14.16**　坚持人才引领，统筹推进交通行业高层次人才和急需紧缺人才队伍建设，推进行业职业资格制度建设，打造服务全行业的人才工作平台。

**14.17**　培养具有国际水平的战略人才、领军人才、科技人才和创新团队，推进交通高端智库建设，完善专家工作体系。

**14.18**　推进产教融合和资源整合，加强校企合作，建设全新的具有鲜明交通特色的高水平交通职业院校，打造素质优良的交通从业者大军。

# 附　录

## 参编单位

上海市交通委员会
上海市发展和改革委员会
上海市经济和信息化委员会
上海市公安局
上海市规划和自然资源局
上海市生态环境局
上海市住房和城乡建设管理委员会
上海市商务委员会
上海市科学技术委员会
上海市应急管理局
上海市司法局
上海市财政局
中华人民共和国上海海事局
上海市邮政管理局
中国民用航空华东地区管理局
中国民用航空华东地区空中交通管理局
上海市道路运输管理局
中国铁路上海局集团有限公司
上海国际港务（集团）股份有限公司
上海机场（集团）有限公司

上海申通地铁集团有限公司
上海城投(集团)有限公司
上海久事(集团)有限公司

## 技术支撑单位

上海市城乡建设和交通发展研究院
上海市交通发展研究中心
交通运输部科学研究院
中国城市规划设计研究院
上海社会科学院
上海市城市规划设计研究院
上海市政工程设计研究总院(集团)有限公司
上海市城市建设设计研究总院(集团)有限公司
同济大学

# White Paper on the Development of Transportation in Shanghai

(2022 Edition)

# CONTENTS

**Foreword** ············ **1**

**Chapter 1 Background** ············ **4**

I. Achievements ············ 4

II. Requirements of Current Situations ············ 12

**Chapter 2 Overall Requirements** ············ **16**

I. Guiding Ideology ············ 16

II. Vision and Goals ············ 17

III. Strategic Orientation ············ 19

**Part One Building a Higher-level Modern Transportation System to Better Serve National Strategies**

**Chapter 3 Enhancing the Influence of Shanghai as an International Shipping Center and Strengthening Its Linking Role in Dual Circulation** ············ **23**

I. Consolidating and Enhancing the Position of the Shipping Hub Port with Global Influence ············ 24

II. Building the Most Influential World-class Aviation Hub ············ 26

III. Leveling up the Shipping Service Level and International Influence …… 27

**Chapter 4 Promoting the Development of Integrated Transportation System in the Yangtze River Delta and Driving the Region to Improve Global Competitiveness …… 28**

I. Connecting Cities in the Yangtze River Delta Region with an Integrated Railway System …… 29

II. Improving Highway Networks and Transportation Services …… 30

III. Improving Water Transportation Networks and Dock Layout …… 31

IV. Innovating the Mechanism for the Coordinated Development of Regional Integrated Transportation …… 32

**Chapter 5 Improving the City's Transportation System to Support the New Pattern of Spatial Expansion …… 33**

I. Improving the Traffic Efficiency in the Main Urban Area …… 34

II. Building a Relatively Independent Integrated Transportation System in New Cities …… 35

III. Improving the Transportation Systems in New Towns and Villages …… 36

IV. Strengthening the Guiding Role of Transportation in Urban Development …… 37

**Part Two Creating a Higher-Quality and People-Oriented Transportation System to Better Serve the Economy and People's Livelihood**

**Chapter 6 Creating an Intensive and Diversified Passenger Transportation Services System and Improving the Travel Experience ······ 41**

I. Creating Efficient and Reliable Rail Transit Services with Integrated Functions ······ 42

II. Creating Convenient and Comfortable Bus Services with Multi-levels ······ 43

III. Creating Distinctive Waterway Passenger Transportation Services for Both Travel and Tourism ······ 44

IV. Creating Taxi Services with a Reasonable Scale and Pleasant Experience ······ 45

V. Developing Flexible, Diverse and Standardized Shared Travel Services ······ 46

VI. Promoting the Integrated Development of Multiple Modes of Passenger Transportation ······ 46

**Chapter 7 Developing an Efficient Roadway System with Balanced Static and Dynamic Traffic ······ 48**

I. Guiding the Development and Usage of Vehicles in a Scientific Way ······ 49

II. Improving the Traffic Efficiency of Roads ······ 50

III. Optimizing Parking Supply and Services ······ 50

**Chapter 8 Creating All-age Friendly and Vibrant Non-motorized Transportation ······ 53**

I. Creating a Non-motorized Transportation Network Suitable for Walking and Riding ······ 54

II. Creating an All-age Friendly Non-motorized Transportation Environment ······ 55

III. Creating a Friendly and High-quality Non-motorized Transportation Space ······ 56

**Chapter 9 Building an Efficient Freight Transportation System to Ensure Unimpeded Flows in the Economy ······ 58**

I. Optimizing and Adjusting the Freight Transportation Structure ······ 59

II. Improving Urban Delivery Services ······ 60

III. Creating a Fair and Orderly Market Environment ······ 61

IV. Promoting the Coordinated Development of Freight Transportation and the City ······ 61

**Chapter 10 Strengthening the Integration of Planning, Construction, Management, and Maintenance of Transportation Facilities to Ensure Their Healthy Operation ······ 63**

I. Implementing Full Life-Cycle Management ······ 64

II. Strengthening Intelligent Construction and Maintenance ··· 65

III. Improving the Management of the Construction and Maintenance Industry ······ 66

**Part Three Developing Sustainable, Smart, Green and Resilient Transportation to Promote High-quality Development**

**Chapter 11 Building an Intelligent Transportation System and Creating New Experience with Digital Transportation Services ······ 69**

I. Developing Intelligent Transportation Facilities and Equipment ······ 70

II. Creating Smart and Modern Service Experience ······ 71

III. Realizing Digital Twin-based Transportation Governance ······ 72

IV. Fostering an Open and Cooperative Innovation Ecosystem ······ 73

**Chapter 12 Promoting Green Transportation to Peak Carbon Dioxide Emissions and Achieve Carbon Neutrality ······ 75**

I. Optimizing the Transportation Structure ······ 76

II. Accelerating the Transformation of Transportation Energy Structure ······ 76

III. Improving Energy-saving and Pollution-control Capacity in the Field of Transportation ······ 78

IV. Establishing a System for Controlling Carbon Emissions from Transportation ······ 79

**Chapter 13 Ensuring Traffic Safety and Enhancing the Resilience of Transportation System ······ 81**

I. Improving the Safety Governance System ······ 82

II. Strengthening the Intrinsic Safety and Operation Safety of Transportation …… 83
III. Strengthening the Management of Road Traffic Order …… 85
IV. Improving Emergency Response Capacity and System Resilience …… 85
**Chapter 14 Optimizing the Transportation Governance System and Creating a Sound Development Environment …… 88**
I. Promoting Law-based Transportation …… 89
II. Improving the Transportation Market System …… 89
III. Establishing a System for Social Co-governance …… 90
IV. Fostering High-caliber Transportation Talents …… 91

**Appendix …… 93**

# Foreword

The Municipal Party Committee and Government of Shanghai always attaches great importance to transportation development. In 2002 and 2013, Shanghai Municipal Government issued two editions of white papers on transportation development respectively. *White Paper on the Development of Transportation in Shanghai(2013 Edition)* proposes the overall goal of building an integrated transportation system in the international metropolis, outlines five strategies, including the coordinated development of transportation and urban development, and proposes several action plans including transportation and the city, and external transportation. After nearly a decade of continued efforts, Shanghai's "pivotal, functional and networked" comprehensive transportation system has been further improved. Shanghai has ranked third among international shipping centers for three consecutive years since 2020 according to Xinhua-Baltic International Shipping Centre Development Index and is listed as one of the "National Demonstrated Cities in Public Transit", which effectively improve its level of urban function and core competitiveness.

In face of the COVID-19 pandemic unseen in a century, and the accelerated revolution of science, technology and industries, China is stepping to the new development paradigm with domestic circulation being the mainstay, global and internal circulations reinforcing each other. As a vanguard of reform and opening up, and a pioneer of innovative development, Shanghai has become a major carrier of a series of national strategies, such as the integrated development of the Yangtze River Delta and the leading area for socialist modernization and has become an active practitioner of the important concept that highlights "the cities are built by the people and for the people". In the next decade, Shanghai must uphold the principle of "embracing the era and staying connected with the world" to develop its transportation system, adapt to new situations and requirements, develop the action plans for the next stage, better play the role as a "pioneer" and "trailblazer", accelerate the development of Shanghai into a city with strong transportation network, and help with China's growing strength in transportation.

In June 2019, Shanghai officially started the preparation of a new edition of *White Paper on the Development of Transportation in Shanghai*(hereinafter referred to as the *White Paper*). After deeply evaluating the 2013 edition, studying the national developing strategies and researches on special subjects, Shanghai government fully solicited opinions from the Shanghai Municipal People's Congress, Shanghai Municipal Committee of the Chinese People's Political Consultative Conference(CPPCC), and people from all walks of life, and took three years to complete this edition.

The *White Paper* was prepared adhering to the principle of inheritance and innovation. Sticking to the goal of realizing the integrated development of transportation, it keeps pace with the times to promote changes in the development concept by focusing more on: (1) the integrated development of transportation, economy and society; (2) the integrated development of regional transportation and urban-rural transportation; (3) the overall development of traffic service quality and traffic efficiency; (4) the coordinated development of existing and new transportation facilities; (5) the intelligent, green and resilient development of transportation; and (6) the pluralistic social co-governance of transportation.

The *White Paper* is a guiding document for Shanghai's transportation development in the next 10 years. It serves as an action guide for Shanghai to promote transportation development and an initiative for advancing social co-governance in the field of transportation. The White Paper has 14 chapters: Chapters 1 and 2 introduce the development background and overall requirements; and Chapter 3 to Chapter 14 are divided into three parts to introduce policies on 12 sections and clarify relevant objectives, principles and actions accordingly.

The *White Paper* was reviewed and approved by the Executive Meeting of Shanghai Municipal Government and the Standing Committee of CPC Shanghai Municipal Committee in September 2022 and was officially released at the press conference of Shanghai Municipal Government in October 2022.

# Chapter 1
# Background

An integrated transportation system has been developed in the modern metropolis of Shanghai, which lays a solid foundation for its economic and social development as well as the construction of a moderately prosperous society. Entering the new era, Shanghai needs to pursue higher-quality development of its transportation system to respond to the profound changes in the development environment, better underpin national strategies, and serve the economy and people's livelihood.

## I. Achievements

1.1 Shanghai has preliminarily built itself into an international shipping center and improved its capabilities for global shipping resource allocation. Shanghai has promoted the construction of physical infrastructure and soft environment in a coordinated manner and ranked 3rd in the international shipping center ranking according to the Xinhua-Baltic International Shipping Centre Development Index for three consecutive years from 2020 to 2022 (7th place in 2014), and steadily expanded its global influence. By 2021, the Port of Shanghai had remained the world's No.1 in terms of port connectivity for 11 consecutive years. Besides, its container throughput exceeded 47 million

TEUs, ranking first in the world for 12 consecutive years. Its status as an international container hub port has been continuously consolidated. Shanghai Pudong International Airport Satellite Terminal (the largest of its kind in the world) has been put into operation. In 2019 (before the COVID-19 pandemic), Shanghai's airports served 314 destinations in 50 countries and regions around the world, with airport accessibility ranking first in Asia, and handled 120 million passengers, ranking 4th globally. In 2021, the air cargo and mail throughput reached a record high of 4.366 million tons, ranking 3rd worldwide. As a result, a large-scale international aviation hub in Asia-Pacific has been preliminarily established. At the same time, the development of modern shipping service industry has been further accelerated. Shanghai has secured a leading position nationwide in shipping insurance from the perspective of market scale and holds the third largest share in the international shipping insurance market, only after London and Singapore. China (Export) Containerized Freight Index formulated by Shanghai Shipping Exchange has been widely recognized by the market, and a number of international and national agencies engaged in shipping functions have gathered in Shanghai. The implementation of major shipping policies, such as tax refund at the port of departure and the coastal carriage by vessels engaged on international voyages, has further optimized the business environment for shipping operators. In 2021, the first North Bund International Shipping Forum was successfully held.

**1.2** Shanghai has completed the transportation network needed for a mega-city, further strengthening the role of transportation in guiding and supporting urban development. Shanghai gives full play to the role of transportation as a "pioneer" in development, adheres to the moderately advanced construction of transportation infrastructure, and has constructed a network of transportation facilities needed for a mega-city. The construction of multi-mode rail transit has been carried out simultaneously, and the Shanghai-Suzhou-Nantong Railway has been completed and put into use. The second phase of the Shanghai-Nantong Railway and the Shanghai-Suzhou-Huzhou High-speed Railway have started construction, and the passages along the Yangtze River and the coast have been gradually opened. Suburban railways such as Jiamin Line and Airport Link Line have been under construction, and Jinshan Railway has been utilized to run commuter trains. By the end of 2021, the operating mileage of the entire Shanghai rail transit network had reached 831 kilometers, and nearly 50% of the people in the central city can walk to a rail transit station within 10 minutes. Five "new cities" (Jiading, Qingpu, Songjiang, Fengxian and Nanhui) have access to the central city by various rail transit lines, among which Line 11 has achieved inter-provincial operation. The road network has been improved in terms of structure and functions. By the end of 2021, the total mileage of highways had reached 13,100 kilometers, the mileage of expressways had been 851 kilometers, and all inter-provincial toll stations had been removed. The mileage of urban roads reached 5,844 kilometers, and after the western section of Beiheng Passageway and other major projects were completed and put into operation, the mileage of urban expressways was 233 kilometers. High-grade waterways such as the Hangzhou-Shanghai waterway and Changxing-Huzhou-Shanghai waterway have been completed, and high-grade inland waterways connecting Shanghai to Jiangsu and Zhejiang has been basically completed. The functions of external comprehensive transportation hubs with ports, airports and railway stations as the core have been further improved, and the layout of multi-level urban passenger transport hubs with rail transit as the leading role has been further optimized, which effectively supports the construction of an integrated transportation system and drives the development of surrounding areas.

1.3 Shanghai has launched diversified and efficient urban transportation services to increase citizens' sense of happiness and sense of gain. Shanghai has always given priority to the development of public transportation. In 2017, it won the title of "Demonstration City for National Transit Metropolis Development". In 2021, the average daily passenger volume of public transportation reached 13.988 million. The share of public transportation trips (walking excluded) in the central city accounted for about 43.6% (in 2019). Rail transit has continued to increase capacity and efficiency, with an average annual capacity increase of more than 3% and the minimum running interval shortened to one minute and 50 seconds. Its average daily passenger volume was 9.78 million, accounting for 70% of public transportation passenger volume. More types of bus services have been launched, such as the No. 71 medium-capacity bus line, Lin-gang T1 demonstration line, Fengpu Rapid Bus Service, and Songjiang Tram. Twelve backbone bus routes, including one along Humin Road, have been completed, 30 inter-provincial passenger lines have been launched, and 500 kilometers of bus lanes have been built. As the rail transit system and the bus system are further integrated, 75.3% of the city's rail transit stations have been equipped with bus lines for transfer nearby within a radius of 50 meters. The "Internet +" transportation modes, such as online car-hailing, shared bicycles, customized shuttles and time-sharing car rental, keep springing up, enriching the mode of travel.

1.4 Shanghai has continued to improve its transportation environment by maintaining smooth and well-organized road traffic. Despite a limited supply of roads and parking facilities, Shanghai adopts legal, economic and administrative ways to manage the demand of cars. In terms of ownership management, Shanghai continues to carry out the policy of auction of non-for-hired passenger vehicle quotas. In 2021, the number of cars in use was 224 per thousand people, lower than that of similar cities. In terms of access management, Shanghai continues to adopt region-based measures and steadily implement time-period-based travel restrictions on passenger vehicles registered elsewhere. Shanghai has also conducted market-oriented reform of parking prices to reduce the average use intensity of vehicles to 25 km/day. The peak-hour running speed of vehicles on expressways and ground trunk roads remains basically stable. At the same time, Shanghai has promoted the construction of demonstration roads such as high-quality roads and "well built, managed, maintained, and operated rural roads". Relying on the connection of the shoreline of Huangpu River and Suzhou Creek, Shanghai has built a non-motorized transportation system. It also upgrades the landscape of four bridges including Yangpu Bridge, significantly improving the quality of road facilities. In 2014 and 2021, the standards for parking facilities were revised twice to promote the off-peak parking resources and gradually mitigate the parking shortage. Shanghai takes continued efforts to address road traffic violations. As traffic behaviors become more standard and civilized, the death rate from road traffic accidents has reduced to less than 2 persons per 10,000 vehicles, a 52% decrease from 2012.

1.5 Shanghai has taken comprehensive measures to promote the digital transformation of transportation, which results in continuous improvement in the efficiency of operation, service and management. Guided by the concept of sci-tech empowerment and innovation-driven development, Shanghai keeps applying cutting-edge technologies to transportation at an accelerated rate, making great progress in comprehensive transportation development, especially in intelligent transportation. Continuous efforts have been made to promote the construction of new transportation infrastructure. Yangshan Deepwater Port Phase IV Automated Terminal, the largest and most automated container terminal in the world, has been put into operation. Rail Transit Lines 14, 15 and 18 boasting the highest level of automatic driving have been completed and put into operation. Pilot projects of smart expressways such as S32, G60 and G15 were launched. The informatization level of transportation and travel has continuously improved. All bus stops in the central city have been equipped with real-time bus arrival forecasting service and the same service has been gradually promoted in the suburbs. The unified taxi hailing platform for cruising taxis and the "one-click car-hailing" function, as well as the newly-launched Shanghai Parking APP, have constituted a preliminary version of Shanghai's Mobility as a Service (MaaS) system and promoted the concept of MaaS. Shanghai has continued to facilitate the road test of intelligent connected vehicles (ICV) by opening a total of 1,289 kilometers of test roads, ranking first in China in total mileage. Notably, the annual transportation volume of intelligent heavy trucks in the demonstration zone in Yangshan Port has reached 40,000 TEUs. Shanghai has also launched "Easy PASS", a comprehensive transportation business platform, a digital supervision platform for dangerous goods transportation, etc. to realize "Government Online-Offline Shanghai" for transportation affairs and "management via a single website" for transportation operation.

**1.6** Shanghai has further enhanced its ability for sustainable development of transportation by deepening the development of green and low-carbon transportation. Shanghai has continued to promote the development of green transportation in an all-round way. It has issued supportive policies to encourage the development of multimodal transport. As a result, the container collection and distribution system of Shanghai Port has been continuously optimized, the proportion of water-to-water transshipment reached up to 51.6%, and the container volume of sea-rail intermodal transport increased to 417,000 TEUs by 2021. As low-carbon transportation prevails, the number of new-energy vehicles has exceeded 670,000 in total, more than 500,000 charging piles of various types have been built, about 80% of buses have switched to clean energy, commercialization pilots have been launched to promote hydrogen fuel cell buses and logistics vehicles, and the coverage rate of shore power facilities at ports and harbors has reached 79%. Shanghai has strictly implemented motor vehicle emission standards and managed ship emission control areas. The concentrations of $NO_x$ and PM2.5 in roadside ambient air have decreased by 36% and 29% respectively, and the concentration of $SO_2$ in port areas has decreased by 29% since the management of ship emission control areas. Shanghai has also promoted the compound utilization of traffic ways and the comprehensive development of land for rail transit stations, as part of the efforts to guide intensive and efficient use of land for transport.

**1.7** Shanghai has further improved its transportation development environment by stepping up efforts to modernize its governance system and capabilities. Shanghai has continuously optimized the comprehensive traffic administrative system. Shanghai Municipal Transportation Commission, Shanghai Municipal Road Transport Administrative Bureau, and a comprehensive law enforcement team have been established to create a large-scale traffic governance model. The government gives full play to the role of leading groups in building Shanghai into an international shipping center and advancing the development of public transportation, and strives to build a mechanism for promoting the integration of regional transportation in the Yangtze River Delta. As a result, the comprehensive transportation coordination mechanism has been gradually improved. By revising *Regulations of Shanghai Municipality on Road Traffic Control* and releasing *Regulations of Shanghai Municipality on Promoting the Construction of International Shipping Center* and *Regulations of Shanghai Municipality on Railway Safety Administration*, Shanghai has further improved its system of traffic laws and regulations. The city continues to streamline administration and delegate power, improve regulations, and upgrade services. It has carried out reforms in key sectors such as buses, taxis and road maintenance, and built a credit management system, thus creating a sound environment for the healthy and sustainable development of the transportation industry. As a result, the division of municipal powers for traffic affairs becomes clearer, the role of third-party organizations such as industrial associations in traffic management becomes more prominent, the channels for public participation become more accessible, and the social co-governance system for transportation has been further optimized. The capabilities for comprehensive traffic support and emergency management services have been further improved, which guaranteed the success of major events such as China International Import Expo. During the fight against the COVID-19 pandemic, ports and airports have continued to provide core functions and vigorous effort has been made to guarantee urban transportation.

1.8 While achieving rapid development and great achievements, Shanghai still faces some challenges in the development of transportation: (1) The accessibility and convenience of its international, domestic, regional and municipal transportation systems need to be improved; (2) The soft power of Shanghai as an international shipping center needs to be enhanced; (3) The transportation operation efficiency and service quality need to be upgraded; (4) The ability for the sustainable development of transportation needs to be strengthened; (5) The development of transportation needs to further integrated with the development of economy, society and ecology.

## II. Requirements of Current Situations

1.9 The transportation support capacity needs to be improved to serve the new development paradigm. At present, the global economy and trade and international order are undergoing profound changes under the combined impacts of worldwide changes unseen in a century and the COVID-19 pandemic. As China is accelerating the construction of the new development paradigm, Shanghai will focus on building itself into a central node of the domestic circulation and a strategic link between the domestic and international circulations. To respond to the situation, Shanghai needs to further upgrade its function as an international shipping center, strengthen its role as a hub in the national comprehensive transportation network, and enhance its capability for global resource allocation as well as international and domestic connectivity.

**1.10** The comprehensive transportation system needs to be reconstructed at an accelerated rate to adapt to space expansion. As the integrated development of the Yangtze River Delta has become a national strategy and Shanghai proposes to accelerate the formation of a new urban spatial pattern by enhancing the service capacity and pivoting role of the main urban area, giving play to the role of strategic platforms as opening-up hubs, vigorously promoting the construction of the five new cities, and accelerating the transformation of Jinshan and Baoshan districts, a new spatial development pattern will take shape, gradually expanding from the main urban area, five new cities, to Shanghai metropolitan area and then to Yangtze River Delta urban agglomeration. This requires a higher positioning and a larger space to reconstruct a multi-level and integrated comprehensive transportation system.

**1.11** Transportation services need to be continuously upgraded to realize high-quality development. Entering a new stage of development, China's economy has changed from high-speed growth to high-quality development. Shanghai metropolitan area is characterized by urban integration, aging population and fewer children in families. Travel distance has increased, the proportion of non-commuting travel has risen, and the demand for high-quality, diversified and personalized travel has continued to grow. Besides, the demand for freight transportation with small quantities, multiple batches, high value and strong timeliness is rising rapidly. This requires continuous improvement in the service quality of passenger and freight transportation, so as to realize high-quality development and create high-quality life.

1.12 The transportation system needs to be innovated actively to adapt to new technologies and new situations. As a new round of scientific and technological revolution and industrial transformation keep evolving, featuring the wide application of cutting-edge technologies such as artificial intelligence (AI), 5G and new energy, disruptive changes have occurred to the economy, life and governance. As transportation has become an important application scenario of technologies, traditional transportation is bound to usher in historic changes. This requires the city to accurately identify changes, scientifically respond to these changes, actively seek innovation, and accelerate the optimization and adjustment of transportation planning, construction, operation and management system, in an effort to adapt to and lead the new trend of transportation evolution.

1.13 The transportation governance system needs to be transformed at an accelerated rate to cope with new constraints and new risks. As the system for territorial spatial planning has been reformed, and emission peak and carbon neutrality have been incorporated into ecological civilization construction, mandatory constraints have been imposed on resources such as land, energy and ecology. As security risks such as climate change, network security and public health emergencies keep rising, it has become increasingly challenging for the transportation industry to realize healthy and sustainable development. Shanghai is thus required to step up efforts to modernize its transportation governance system and governance capacity, transform its governance concepts, systems, mechanisms, and modes and methods, and further improve its governance efficiency.

**1.14** In the face of the above situations, Shanghai needs to realize changes in its development concept by focusing more on: (1) the integrated development of transportation, economy and society; (2) the integrated development of regional transportation and urban-rural transportation; (3) the overall development of traffic service quality and traffic efficiency; (4) the coordinated development of existing and new transportation facilities; (5) the intelligent, green and resilient development of transportation; and (6) the pluralistic social co-governance of transportation.

# Chapter 2
# Overall Requirements

Shanghai needs to firmly grasp new strategic opportunities, actively respond to new development challenges, and accelerate the construction of high-quality integrated transportation for the future.

## I. Guiding Ideology

2.1 Upholding Xi Jinping's Thought on Socialism with Chinese Characteristics for a New Era and thoroughly implementing the spirit of the important speech General Secretary Xi Jinping delivered during his visit to Shanghai, Shanghai will implement new development philosophy based on the new stage of development, and build a new development pattern. It will make overall plans for development and security, and put the idea of "the cities are built by the people and for the people" into practice. Shanghai will continue to improve the comprehensive transportation system to better serve the national strategies, and upgrade transportation services to better meet the demand for high-quality life. It will step up efforts to develop smart, green and resilient transportation to better promote high-quality development, and construct a modern transportation governance system to better achieve highly efficient governance. Shanghai will strive to build a high-quality and integrated transportation system that is people-oriented, efficient, intelligent technology powered, green and resilient, become a world-leading transportation city that can meet people's needs and provide reliable services, improve its urban function and core competitiveness, and accelerate its development into a modern socialist international metropolis with global influence.

## II. Vision and Goals

2.2 Shanghai's overall goal for transportation development is to build a high-quality and integrated transportation system that is "people-oriented, efficient, intelligent, green and resilient" needed for an international metropolis.

2.3 People-oriented. Shanghai will highlight the idea of putting people first and building a transportation system for the people. It aims to provide more convenient transportation services and more travel options, and make its transportation system friendly to people of all ages. It also aims to improve the transportation environment to better meet the needs of an innovative society and high-quality and healthy life, and enhance traffic order and safety. It will work to control the average commuting time in the central city within 45 minutes, and develop a "30、45、60" travel circle for new cities.① It will work to strike a balance between work and life to reduce the proportion of people subject to extremely long hours of commute. It will also work to keep lowering the death rate per 10,000 vehicles in road traffic accidents.

---

① It takes 30 minutes to commute internally and to surrounding central towns, 45 minutes to reach cities near Shanghai, central city and adjacent new cities, and 60 minutes to international hubs.

**2.4 Efficient.** Shanghai will build a comprehensive transportation system that integrates with the national transportation network, supports the regional transportation integration in the Yangtze River Delta, coordinates with the city's spatial layout, and develops in various ways. This will strongly support the "1-2-3 circles" for national passenger trips① and the "1-2-3 circles" for global freight transportation②, achieving the goal of reaching major cities in the Yangtze River Delta within 2 hours and those in the Shanghai metropolitan area within 1.5 hours.

**2.5 Intelligent.** Shanghai aims to build an intelligent transportation system with intelligent transportation infrastructure, automated vehicles, considerate transportation services, and digital twin-based traffic management. The city will preliminarily realize the digitalization of all elements of key transportation infrastructure in full period and the comprehensive intelligent transformation of transportation hubs and corridors. In addition, it will fully implement the "one-ticket system" for travel, "one-bill system" for freight transportation and "one-code access" for payment, allowing citizens to enjoy intelligent and networked services.

**2.6 Green.** Shanghai aims to build a sound green travel system, increase the proportion of green transportation trips in the central city to at least 75%, and further improve the freight transportation structure. It will increase the use of new energy and clean energy sig-

① 1-hour commute in metropolitan areas, 2-hour access to urban agglomerations and 3-hour trip to major cities in China.

② 1-day delivery within China, 2-day delivery to neighboring countries, 3-day delivery to major cities worldwide.

nificantly to fundamentally reduce the ecological impact of transportation, cut the emission of $NO_x$ pollutants by 30%, strive to peak carbon emissions from transportation (excluding aviation and water transport), and ensure a reasonable growth of carbon emissions from aviation and water transport.

**2.7 Resilient.** Shanghai will dynamically adapt to the impact of external disturbances such as natural disasters, climate change and public health events on the transportation system, and build a more flexible and adaptive infrastructure and transportation service system. It will take great efforts to improve its emergency response capacity and rapid recovery ability to ensure the normal operation of transportation and the smooth flow of international and domestic logistics and supply chains.

## III. Strategic Orientation

2.8 Promoting the coordinated and integrated development of comprehensive transportation. Shanghai will practice the new concept of territorial spatial planning and strengthen the planning of transportation space in an overall manner with production, living and ecological space, so as to promote the integrated development of transportation and the city and balance the distribution of travel demand. It will promote the integrated development of multiple modes of transportation and the compounding of transportation infrastructure, so as to improve the efficiency of resource utilization. It will also promote the integrated development of transportation, the Internet, tourism and other industries to expand the coverage and content of transportation services. Moreover, it will strengthen the coordinated governance of transportation and the city as well as the interconnected development of transportation and regions.

2.9 Giving priority to the development of public transportation and non-motorized transportation. In terms of land use, investment, construction, operation and services, Shanghai will give priority to public transportation and non-motorized transportation. It will vigorously support the construction of rail transit, medium-capacity buses and high-quality bus lanes, prioritize the right of way of buses and slow travelers, and rationally arrange parking spaces for non-motorized vehicles. It will take rigorous efforts to control the demand for cars, take comprehensive measures to reduce the travel dependence on cars, and ensure road traffic services generally under control. Seizing opportunities brought by new city construction and urban renewal, Shanghai will optimize the allocation of facilities, improve service experience, and vigorously promote green transportation.

2.10 Promoting transportation upgrading to drive high-quality development. Shanghai will transform its development philosophy and further promote science- and technology-powered green and safe development, so as to improve the quality, efficiency and driving force of transportation. It will also strengthen modern governance thinking, highlight the concept of regional differentiation and full life-cycle management, place greater emphasis on comprehensive governance approaches such as the rule of law and digital governance, and allow multiple entities to participate in transportation governance, so as to improve the efficiency of transportation governance in an all-round way.

# Part One Building a Higher-level Modern Transportation System to Better Serve National Strategies

Shanghai is an important carrier of national strategies. It needs to keep the overall situation in mind when planning its transportation. Shanghai will focus on the goal of developing itself into "five centers", seize major strategic opportunities brought by "three tasks and one platform" and building Pudong New Area into a leading zone for socialist modernization, consolidate and enhance its status as an international shipping and aviation hub, accelerate the improvement of regional and urban-rural comprehensive transportation systems, support the remodeling and optimization of the spatial pattern of the Shanghai metropolitan area, support its leading role in the integrated development of the Yangtze River Delta region, and build itself into a central node of the domestic circulation and a strategic link between the domestic and international circulations.

# Chapter 3
# Enhancing the Influence of Shanghai as an International Shipping Center and Strengthening Its Linking Role in Dual Circulation

Having preliminarily established itself as an international shipping center, Shanghai is on its way to becoming a real world-class shipping center. To this end, it will continue to consolidate and enhance its status as an international shipping and aviation hub, strengthen the soft power of shipping services, and further enhance its capability in global resource allocation, so as to rank among the world's leading international shipping centers.

**Goals**

3.1 Shanghai aims to enhance its capacity as an international shipping and aviation hub to a world-leading level. Shanghai will strengthen the core and leading position of the Port of Shanghai in the world-class port cluster in the Yangtze River Delta region, initially form an urban multi-airport system covering cities worldwide, and lead the Yangtze River Delta to build a world-class port cluster and airport cluster with international competitiveness. The Port of Shanghai will remain the world's No. 1 in container throughput, and its infrastructure capacity will be improved to meet the development requirements of annual container throughput of 55 million TEUs and annual cruise passenger throughput of 4.5 million. The water-to-water transshipment ratio of containers will reach 52%, and the container volume of sea-rail intermodal transportation will increase by more than 10% annually. The infrastructure capacity of Shanghai airports will be enhanced to meet the development requirements of annual passenger throughput of 180 million and annual cargo and mail throughput of 6.5 million tons.

3.2 Shanghai aims to comprehensively enhance international accessibility and openness. The passenger transit ratio at Shanghai aviation hub will reach 17%. The port connectivity of Shanghai Port will remain at the world's leading level, and the international transshipment ratio of containers will reach 13%. Shanghai will accelerate the agglomeration of shipping elements and significantly enhance the global coverage of its shipping services.

**Principles**

3.3 Shanghai will focus on regional coordination, institutional innovation, and scientific and technological empowerment, strengthen the integration of its development into an international shipping and aviation hub with urban and industrial development, and cultivate new competitiveness relying on shipping services.

**Actions**

**I. Consolidating and Enhancing the Position of the Shipping Hub Port with Global Influence**

3.4 Shanghai will continue to promote the coordinated development of regional ports and shipping, make coordinated efforts to establish an integrated governance system for the world-class port cluster in the Yangtze River Delta region, and support port and shipping enterprises to deepen coordinated operations in the Yangtze River Delta region and the Yangtze River Basin with capital as the bond, so as to jointly build a shipping hub with global influence.

3.5 Shanghai will make effective use of shoreline resources, continuously promote the adjustment of the functional layout of the existing port areas, promote the comprehensive development of the north side of Xiaoyangshan, step up efforts to plan for and reserve quality shorelines, and reserve strategic space for port development, so as to improve the service capacity of container hub ports.

3.6 Shanghai will enhance the throughput capacity of the Yangtze Estuary channel, accelerate the construction of river-sea shipping channels, enhance the capacity of sea-rail intermodal transportation nodes and channels, and continue to increase water-to-water transshipment ratio and sea-rail intermodal transportation ratio.

3.7 Shanghai will adapt to the trend of the transformation and upgrading of tourism consumption, enrich cruise tourism products, and improve supporting transportation services, in an effort to build a world-class cruise port.

3.8 Shanghai will coordinate and optimize the layout of the facilities and equipment of the water safety supervision and emergency rescue system, build an international shipping meteorological support base, and enhance the intelligent level of navigation aids, so as to build a modern and comprehensive navigation support system.

## II. Building the Most Influential World-class Aviation Hub

3.9 Shanghai will give full play to its core role as an aviation hub in the Yangtze River Delta airport cluster, explore the inter-airport cooperation mechanism, and jointly build a world-class airport cluster in the Yangtze River Delta region.

3.10 Shanghai will promote the development of the T3 terminal of Pudong International Airport, improve the support capacity and operation efficiency of Hongqiao International Airport, carry out research on general airport planning, support the planning and construction of a new airport in Nantong, and accelerate the construction of a cross-regional global urban multi-airport system.

3.11 Shanghai will promote the construction of a world-class comprehensive transportation hub boasting high standards and full integration in Pudong by integrating resources such as Pudong International Airport, Shanghai East Railway Station and rail transit, and adopting an innovative multimodal transportation model.

3.12 Shanghai will strive to open up more airlines to countries along the Belt and Road, expand the highest-level intercontinental airlines in Asia, consolidate Asian air routes, and develop high-quality domestic airlines, so as to build a world-class airlines network and intercontinental transit center.

3.13 Shanghai will continue to improve the supporting infrastructure for cargo and mail transport at Pudong International Airport, optimize the allocation of cargo flight schedule resources, encourage airlines to open up all-cargo routes, improve the cargo load rate of passenger flights, and support the postal and express delivery enterprises to build an international air mail delivery network system, in an effort to build a world-leading air cargo hub port.

3.14 Shanghai will support airline companies based in Shanghai to become world-class super carriers, and support the diversified development of aviation market entities.

3.15 Shanghai will improve its air traffic control system, and promote airspace expansion and structure optimization of its terminal area. It will build an omnidirectional route network, optimize the structure of airspace, and support the development of general aviation.

## III. Leveling up the Shipping Service Level and International Influence

3.16 Relying on the construction of the shipping service agglomeration area, Shanghai will cultivate and form an industrial cluster integrating shipping with science and technology, finance, law, education, manufacturing and tourism, and build a Shanghai shipping service brand with international influence.

3.17 Shanghai will adopt more open strategies in international transportation management, innovate port supervision models, establish a world-class shipping development system and operation model, and create a stable, fair and transparent environment for shipping development.

3.18 Shanghai will deepen cooperation in international shipping affairs, actively participate in the formulation of international shipping rules, and build the North Bund Forum into an important platform for the exchange of views, policy release and establishment of rules in the international shipping field, so as to enhance Shanghai's influence and voice on the world stage.

# Chapter 4
# Promoting the Development of Integrated Transportation System in the Yangtze River Delta and Driving the Region to Improve Global Competitiveness

As the integrated development of the Yangtze River Delta region has become a national strategy and the demand for inter-city travel in urban agglomerations and metropolitan areas is growing rapidly, Shanghai needs to improve its external transportation system that has a nationwide coverage, takes the Yangtze River Delta as the main base, and focuses on the Greater Shanghai Metropolitan Area, and takes the lead in establishing an integrated transportation system in the Yangtze River Delta and makes it fully integrated into the national comprehensive transportation network, in an effort to build strong growth poles in the Yangtze River Delta.

**Goals**

4.1 Shanghai aims to improve its multi-level and integrated external transportation system, and the system for the coordinated governance of regional transportation. It will preliminarily build an integrated rail transit network, further enhance its position as a national comprehensive transportation hub, and make it possible for citizens to reach areas near Shanghai within 1 hour, Greater Shanghai Metropolitan Area within 1.5 hours and major cities in the Yangtze River Delta within 2 hours.

**Principles**

4.2 Shanghai will strengthen the key role of integrated rail transit network in external transportation, create a multi-level railway passenger transport hub system based on the main and auxiliary railroad stations and hubs in new cities. It will promote the connectivity of transportation facilities and services by implementing the mechanism for coordinated development.

**Actions**

**I. Connecting Cities in the Yangtze River Delta Region with an Integrated Railway System**

4.3 Shanghai will focus on strengthening the construction of channels along the Yangtze River and the coast, promote the planning and construction of Shanghai-Chongqing-Chengdu High-speed Railway and Shanghai-Zhapu-Hangzhou High-speed Railway, systematically study the channel across Hangzhou Bay, in order to accelerate the construction of the mainline railway network with "five directions and twelve lines" and better integrate into the national railway network.

4.4 Shanghai will optimize the functions of existing channels and promote the planning and construction of intercity railways serving travels between Shanghai and neighboring cities such as Shanghai-Hangzhou High-speed Railway, so as to guide the short- and medium-distance travelers to take intercity railways.

4.5 Shanghai will promote the transformation of existing railway stations and lines, use existing railways to serve urban passenger transportation, and utilize the surplus capacity of existing general-speed railways to serve intracity travels.

4.6 Shanghai will strengthen the connection between suburban railways and inter-city rail transit in the Yangtze River Delta, promote the planning and construction of the Jiamin Line's northern extension, Shanghai Demonstration Area Line and Jinshan-Pinghu Line, strengthen the unification of operation and service standards, promote efficient security checks and information sharing, and realize networked operation.

4.7 Shanghai will improve the functional layout of railway stations, accelerate the integration of Shanghai East Railway Station into the national high-speed rail network, and make high-speed rail access to major cities in the Yangtze River Delta and even the whole country the priority of Hongqiao Railway Station, and make it possible to build a higher-speed rail system. Shanghai will increase direct lines from Baoshan Railway Station and Songjiang South Railway Station to surrounding areas.

4.8 Shanghai will use hubs at new cities to anchor the mainline railways and intercity railways to Shanghai, and increase the departure stations and intermediate stops of mainline railways.

## II. Improving Highway Networks and Transportation Services

4.9 Shanghai will strengthen the planning and construction of interprovincial highways and general national and provincial roadways, promote the expansion and transformation of congested sections of existing highways, optimize the layout of highway entrances and exits, improve the quality of service areas, promote the integration of road networks near Shanghai, study the possibility of building new cross-river channels from Chongming Island and new cross-sea channels from Yangshan Port to urban Shanghai, so as to improve the accessibility of external roadway networks.

4.10 Shanghai will actively develop road passenger transportation networks in areas not yet covered by railways, and continue to optimize roadway passenger transportation lines connecting airports, railway stations and other important transportation hubs.

4.11 Shanghai will integrate roadway passenger transportation stations in the main urban area by adjusting roadway passenger transportation lines, optimize the layout of passenger stations in new cities and suburbs, and diversify the function of existing stations.

4.12 Shanghai will promote interprovincial public passenger transportation services in an orderly manner, guide and standardize the development of (chartered) commuter shuttles, tourist passenger lines, short-distance lines and other special services to provide diversified and differentiated roadway passenger transportation services.

## III. Improving Water Transportation Networks and Dock Layout

4.13 Shanghai will strengthen the alignment of standards for and timing of construction and maintenance of inland high-grade waterways in the Yangtze River Delta, and improve the inland high-grade waterway network that connects Shanghai to Jiangsu and Zhejiang provinces and seaports.

4.14 Shanghai will actively innovate the investment, construction and operation models for inland river areas, and promote the intensive and large-scale construction of public port area.

## IV. Innovating the Mechanism for the Coordinated Development of Regional Integrated Transportation

4.15 Shanghai will improve the comprehensive mechanism for the management of regional integrated transportation, strengthen regional linkage, and make coordinated efforts to promote transportation planning, construction, operation and management.

4.16 Shanghai will establish a legal system for guaranteeing regional integrated transportation and explore collaborative legislation on transportation powers.

4.17 Shanghai will promote the exchange of regional administrative information, interprovincial government services, and joint enforcement of traffic law.

4.18 Shanghai will break down administrative barriers, accelerate the integration of transportation markets, and promote the establishment of a credit system and mutual recognition of credit evaluation results in the transportation sector.

4.19 Shanghai will build the Demonstration Area in the Yangtze River Delta on Ecologically Friendly Development, Hongqiao International Open Hub, Lin-gang Special Area of Shanghai Pilot Free Trade Zone and other important platforms to give play to their roles as carriers of national strategies and take the opportunity to play a leading and exploratory role in establishing a mechanism for coordinated development of transportation.

# Chapter 5 Improving the City's Transportation System to Support the New Pattern of Spatial Expansion

As Shanghai is reshaping its spatial pattern of regional development at an accelerated pace, it is increasingly evident that the main urban area, new cities, new towns, and villages have different transportation goals. Therefore, Shanghai needs to further enhance the guiding and supporting role of transportation, and optimize the transportation systems of different regions, in an effort to promote the integrated development of transportation and the city.

## Goals

5.1 Shanghai aims to further improve the traffic carrying capacity of the main urban area, and increase the coverage rate of land within 600 meters of a rail transit station to over 40%, preliminarily build a relatively independent comprehensive transportation system in five new cities to realize the "30、45、60" time targets for travel, and further optimize the transportation system of new towns to promote the integrated development of urban-rural transportation.

## Principles

5.2 Shanghai will strengthen the guiding and supporting role of transportation in optimizing the city's spatial layout, promote the coordinated development of transportation improvement and urban renewal, push forward the integration of industries and the city and job-housing match, and pay heed to regional differentiated development.

5.3 Shanghai will strengthen the planning and construction of suburban lines, urban lines and local lines which is 1,000 kilometers respectively, and improve the effectiveness of spatial organization by developing public transportation.

**Actions**

**I. Improving the Traffic Efficiency in the Main Urban Area**

5.4 Shanghai will increase the density of the rail transit networks as necessary in the northern and eastern areas of the central city, and strengthen rail transit services in areas with development potential and major passenger corridors along the Huangpu River. It will create conditions for ring rail transit near the Middle Ring Road, and further improve the density and transfer efficiency of rail transit networks in the main urban area.

5.5 Shanghai will study the possibility of integrating fast and slow routes of new rail transit lines, accelerate the construction of suburban express lines, and improve the timeliness of connections between important transportation hubs, core business districts, and key functional areas.

5.6 Shanghai will improve the highway and expressway networks, strengthen the function of the expressway network in the northern area, optimize and enhance the function of the Outer Ring Road, and further integrate roads with surrounding land lots.

5.7 Shanghai will improve the network of main roads by highlighting the concept of comprehensive and composite roads, and build backbone network such as the north-south access and the east-west access. It will improve cross-river channels to make it more convenient to travel along the waterfront areas.

5.8 Shanghai will improve the network of branch roads by narrowing roads and increasing the density of roads, and increase the number of open public paths to improve the density of the whole road network.

5.9 Shanghai will further improve the road network system and local bus system in the main urban area, and gather urban functions around public transportation corridors and hubs to achieve axial development.

### II. Building a Relatively Independent Integrated Transportation System in New Cities

5.10 Shanghai will strengthen the planning and construction of external transportation hubs in new cities, integrate multiple means of transportation, strengthen fast connections among gateway hubs, key areas and new cities, and enhance the external connectivity and efficient transfer capacity of hubs in new cities.

5.11 Shanghai will promote the connection of highways and main roads in new cities, and promote the integration of urban and rural road networks. It will construct an internal expressway network system within new cities as necessary, and start the comprehensive transformation of existing highways and expressways in new cities, to gradually separate the through traffic, and the originated and destined traffic can come and leave rapidly. Moreover, Shanghai will improve the density of road networks in key renewed areas.

5.12 Shanghai will improve the multi-level public transportation system in new cities, build a medium-capacity bus network that directly connects with the rail network in new cities, and optimize regional bus lines and micro-circulating bus lines in new cities. It will strengthen public transportation links between new cities and surrounding new towns and villages.

5.13 Based on water systems, famous gardens and other resource endowments in new cities, Shanghai will create high-quality and characteristic non-motorized transportation networks.

### III. Improving the Transportation Systems in New Towns and Villages

5.14 Shanghai will improve the transportation infrastructure and services in core towns, enhance the connection with external rail transit, strengthen the public transportation connection with the near-Shanghai areas, new cities and the main urban area, and increase transportation lines to surrounding towns and rural areas.

5.15 Shanghai will give full play to the role of public transportation in guiding the development of central towns, develop transportation infrastructure and services according to the standards of medium-sized cities, and strengthen the transportation of town clusters. It will upgrade the commute traffic links between the central city and surrounding central towns.

5.16 Shanghai will develop transportation infrastructure and services in general towns according to the standards of small cities, promote a non-motorized travel mode within the general towns, make it more convenient to travel out of town via public transportation, and actively create a model of green and low-carbon transportation development.

5.17 Shanghai will promote the high-quality development of "well built, managed, maintained, and operated rural roads" and make more comprehensive efforts to improve the road environment. It will improve the quality of rural bus stops, promote the development of modern logistics in rural areas and improve the postal express network in rural areas.

## IV. Strengthening the Guiding Role of Transportation in Urban Development

5.18 Shanghai will improve the transportation planning system that closely links the strategic transportation planning, development planning, and urban and rural spatial planning, further clarify elements of transportation infrastructure in zonings, and guarantee the land for transportation infrastructure.

5.19 Shanghai will continue to match the intensity of land development with the traffic carrying capacity and give full play to the guiding and restraining role of the system for assessing the transportation impact of construction projects.

5.20 Shanghai will build a three-level (international/state-level, regional, and municipal-level) comprehensive transportation hub system in accordance with the principle of classification, and give larger play to the critical point role of a comprehensive transportation hub in efficiently connecting a variety of means of transportation and organizing integrated transportation.

5.21 Shanghai will promote the unified planning of the areas around a comprehensive transportation hub, innovate management models for the integrated development and construction, and achieve hub-city integration and city-industry integration, in an effort to stimulate economic vitality of hubs.

5.22 Shanghai will innovate models for transit-oriented development (TOD), optimize the mechanism of land allocation for transportation use, and promote the comprehensive development of transportation hubs and stations on the condition that main transportation functions are offered.

5.23 Shanghai will advocate integrated and multimodal design of transportation yards and stations to further improve the space utilization of rail transit garages, terminals, bus yards and other facility sites.

5.24 Shanghai will make coordinated efforts to promote urban renewal and improve transportation facilities, seize the opportunity of urban renewal to improve regional transportation facilities, and promote the integrated renewal of surrounding areas together with the renovation of transportation facilities.

# Part Two Creating a Higher-Quality and People-Oriented Transportation System to Better Serve the Economy and People's Livelihood

Transportation plays an important role in people's livelihood, and the important concept of "the cities are built by the people and for the people" must be implemented in all aspects of transportation development. Shanghai needs to better play the role of transportation in serving the economy and people's livelihood, and strengthen the role of the market mechanism and the application of information technology, in an effort to improve residents' living standards and quality of life, better respond to changes in transportation service requirements of an innovative society and aging society, and create higher-quality and people-oriented transportation.

# Chapter 6
# Creating an Intensive and Diversified Passenger Transportation Services System and Improving the Travel Experience

As traffic congestion, diversified travel demand, and various traffic models have become a new normal for urban transportation, prioritizing the development of public transportation is still the fundamental way to solve traffic congestion problems in mega-cities. Shanghai should continue to give priority to public transportation, create an upgraded version of "Transit Metropolis", and build a multi-level travel service system with mass transit as the main body to make travel better.

## Goals

6.1 Shanghai aims to create reliable, comfortable, convenient, and economical passenger transportation services.

6.2 Shanghai aims to raise the proportion of trips by public transportation (excluding walking) in the central city to at least 50% and control the load rate of rail transit vehicles during peak hours within 90%. Besides, it aims to maintain the travel speed ratio of buses to cars during peak hours at no less than 1 : 1.2, and equip more than 80% of the city's rail transit stations with bus transfer service within a radius of 50 meters.

**Principles**

6.3 Shanghai will continue to give priority to public transportation, and improve the multi-level and integrated passenger transportation services system with rail transit as the main body, buses as the foundation, ferries as a unique feature, taxis as a supplement, and shared travel as an expansion.

6.4 Shanghai will continue to promote the equalization of services, give priority to efficiency, make coordinated effort in multiple ways, and diversify the supply service, in an effort to comprehensively improve the service experience of a travel chain with public transportation as the main body.

**Actions**

**I. Creating Efficient and Reliable Rail Transit Services with Integrated Functions**

6.5 Shanghai will upgrade the existing rail transit network to strengthen its capacity, relieve the pressure of passenger flow during peak hours, and improve the comfort level of passengers.

6.6 Shanghai will make transfer routes less obstructed, set up clearer guidance signs and create a more pleasant transfer environment inside rail transit stations to further improve the transfer experience of rail transit passengers.

6.7 Shanghai will enhance commercial, living, and cultural functions of rail transit stations, enrich purchasing and living scenarios, and promote the deep integration of commuting and life to keep up with the pace of modern urban life.

6.8 Following the requirements of rail transit expansion and multi-network integration, Shanghai will further enhance its capability for the operation and management of ultra-scale networks with modern information technology to ensure the effective and reliable operation of the rail transit system.

6.9 Shanghai will improve the management mechanism for the integrated operation of urban rail transit and suburban railways, and strengthen the coherence between their ticket systems and ticket fares, guiding signs, and security check standards.

6.10 Shanghai will improve the rail transit ticket system to meet the diversified travel needs of passengers based on the functional design of the multi-level rail transit network.

## II. Creating Convenient and Comfortable Bus Services with Multi-levels

6.11 Shanghai will adapt to the rail transit-oriented travel mode and rely on the construction of public transit corridors to improve the multi-level network consisting of backbone lines, branch lines, shuttles, and customized lines. And the rules for naming the lines will be improved to make them more recognizable.

6.12 Shanghai will strengthen the backbone lines, strengthen the right of way and signal priority of buses based on the setting of passenger corridors, reduce the departure interval, and provide fast, reliable and on-time bus services.

6.13 Shanghai will build a medium-capacity traffic system with complementary functions and convenient transfer with rail transit on qualified backbone bus corridors in the main urban area.

6.14 Shanghai will optimize branch lines (regional lines), balance network density, and provide bus services with high accessibility and wide coverage. It will be encouraged to launch fixed bus services for lines with a small passenger flow.

6.15 Shanghai will increase shuttle lines, strengthen the connection among major communities and among communities, rail transit and backbone lines, and provide more flexible and convenient bus services to solve the "last mile" travel difficulties of people.

6.16 Shanghai will provide real-time bus arrival forecasting service at all midway stops, and improve the accuracy of the arrival forecasting service. It will offer fixed schedules for qualified lines.

6.17 Shanghai will prompt the municipal and district governments to take the main responsibility and improve the fiscal subsidy mechanism for buses based on cost regulation and aligned with service quality.

### III. Creating Distinctive Waterway Passenger Transportation Services for Both Travel and Tourism

6.18 Shanghai will optimize public routes of waterway transportation, improve investments in infrastructure renewal and upgrading, and optimize the mechanism for discounted transfer to improve passenger travel conditions.

6.19 Shanghai will promote the deep integration of culture, tourism, and waterway passenger transportation, cultivate new functions for water transport development, and build Huangpu River and Suzhou Creek tours into a "water reception hall" with sound functions, rich cultural connotations, great convenience and comfort.

## IV. Creating Taxi Services with a Reasonable Scale and Pleasant Experience

6.20 Shanghai will dynamically regulate the total number of taxis and maintain the proportion of taxis in urban travel modes to no more than 5% based on factors including economic and social development, public transportation service level, and carrying capacity of the roadway system.

6.21 Shanghai will reasonably determine the ratio of online car-hailing services and cruising taxis and guide the integrated development of the two types of taxis with a complementary and coordinated development pattern, so as to provide passengers with multi-level, differentiated, and personalized transportation services.

6.22 Shanghai will make an overall plan and speed up the construction of taxi waiting stations, improve the "one-click car-hailing" service, and form a car-hailing service mode that "focuses on Internet and telephone reservation and is supplemented by waiting stations and cruising vehicles".

6.23 Shanghai will implement a taxi operation system with no taxi franchise fees but a limited term of usage, and improve the operation assessment system centering on service quality. It will strengthen the protection of drivers' rights and interests, and launch innovative business models to realize a reasonable distribution of benefits and sharing of operational risks between enterprises and drivers.

6.24 Shanghai will further improve the fare mechanism of cruising taxis based on government-guided prices, and improve the mechanism for dynamically adjusting the fare of cruising taxis aligned with operating costs and price indexes.

## V. Developing Flexible, Diverse and Standardized Shared Travel Services

6.25 Shanghai will guide the healthy and orderly development of vehicle rental, and encourage rental enterprises to innovate their operation and service modes based on market demand.

6.26 Shanghai will standardize customized passenger transportation services, encourage their diversified development, and allow relevant service providers to use qualified bus hubs, stations, and special lanes available in a regulated way.

6.27 Shanghai will adhere to the non-profit orientation of ride-sharing and strengthen governance against illegal operations. It will explore new travel service models that are conducive to reducing the self-driving willingness.

## VI. Promoting the Integrated Development of Multiple Modes of Passenger Transportation

6.28 Shanghai will plan, design, and construct the supporting transportation facilities of newly-built rail transit stations synchronously with the stations. It will improve the supporting transportation facilities and optimize the transfer environment by setting up "micro-hubs" at existing rail transit stations. Shanghai will also improve the layout of entrances and exits of rail transit stations.

6.29 Shanghai will continue to promote the integration of rail transit and bus networks, improve the sharing of operational information, and minimize the time gap between the first and last shifts.

6.30 Shanghai will always view urban ferry services and the passenger transportation to the three islands of Chongming as important parts of the city's public transportation system, continue to improve the transfer system, and realize the efficient connection between ferries and other modes of transport.

**6.31** Shanghai will improve accessibility facilities of public transportation, taxis and other means of transportation to improve the transportation experience of the elderly and the disabled.

**6.32** Shanghai will continue to develop public transportation for the purpose of public welfare by establishing a public transportation ticket system with more choices of fares, and optimizing policies on discounted fares to attract citizens to choose public transportation. It will study and establish a mechanism for the dynamic adjustment of public transportation fares.

# Chapter 7
# Developing an Efficient Roadway System with Balanced Static and Dynamic Traffic

As the supply-demand mismatch of the roadway system has become more severe due to the increasing use of cars, and the proportion of new-energy vehicles has increased rapidly, current policies on vehicle ownership and usage, and road traffic management methods can no longer meet the needs of the new situation and urgently need to be optimized and adjusted.

## Goals

7.1 Shanghai aims to promote the concept of "purchasing car rationally, using car reasonably, and parking car orderly", reduce the use intensity of cars in the whole city by 25%, keep the average speed of vehicles in the peak hour on expressway networks at about 40 km/h, and coordinate static traffic with dynamic traffic.

## Principles

7.2 Shanghai will always maintain the balance between vehicles and roads and adhere to regional differentiation, continue to implement the ownership management of cars, and give more prominence to the usage management.

7.3 Shanghai will adhere to refined management and use advanced management technologies for the roadway system to improve road operation efficiency.

7.4 Shanghai will meet the basic parking needs to a certain degree, effectively guide travel parking needs, and give full play to the role of parking management in adjusting travel demand.

**Actions**

**I. Guiding the Development and Usage of Vehicles in a Scientific Way**

7.5 Shanghai will continue to control the total number of cars, gradually promote the overall management of new-energy vehicles and traditional fuel vehicles, and guide the rational growth of vehicles.

7.6 Shanghai will improve policies on the application of license plates for suburban cars, and encourage the new cities to explore economic means based on local conditions to regulate the use of cars.

7.7 Shanghai will strengthen the traffic management of cars registered elsewhere but in long-term use within Shanghai, adjust their access limits and rules in a timely manner, and guide cars registered elsewhere and in short-term stay in Shanghai to travel during off-peak hours.

7.8 Shanghai will conduct an in-depth study of traffic demand management policies with economic leverage and carbon emission control as the main methods, and guide citizens to "drive less ordinarily and not during peak hours" to form a new green travel trend.

7.9 Shanghai will continue to implement current policies on motorbike control.

## II. Improving the Traffic Efficiency of Roads

7.10 Shanghai will expand the application scope and functions of adaptive signal systems of roadways in the main urban area, new cities, and new towns, develop more methods for traffic detection and data collection, and optimize traffic signal timing to further enhance road capacity.

7.11 Shanghai will reinforce the management and guidance of road traffic order during peak hours, and strengthen traffic organization to support construction and major events.

7.12 Shanghai will upgrade the prediction and guidance functions of the expressway and highway network information system, and strengthen the collaborative management and control of expressway and highway entrances and exits and ground traffic.

7.13 Shanghai will explore the setting of bus lanes or shared lanes on one-way two-lane roads, promote the networking of bus lanes, and gradually eliminate the breakpoints of bus lanes. It will ensure the relative independence of the right of way of buses at intersections to improve the operation efficiency of bus lanes.

7.14 Shanghai will carry out road traffic operation analysis and prediction on a regular basis, innovate traffic organization concepts and technologies, systematically formulate congestion control plans, and strengthen the management of key congested areas and nodes.

7.15 Shanghai will optimize the toll policy of highways and improve the differentiated charging schemes to balance the road network flow.

## III. Optimizing Parking Supply and Services

7.16 Shanghai will revise the standard of parking lot quotas according to factors such as carrying capacity of the roadway system and changes in car volume, moderately increase the basic parking supply in residential areas, hospitals, and schools, and control the number of parking lots allocated to congested areas.

7.17 Shanghai will continue to advocate short-time and limited-time road parking, strictly control the setting of road parking lots in traffic congestion areas, and give full play to the complementary role of road parking in alleviating the demand for temporary parking in hospitals and schools and night parking in residential areas.

7.18 Shanghai will encourage the rational use of above-ground and underground spaces to build new intelligent mechanical garages. It will promote the planning and setting of Park and Ride (P+R) facilities at rail transit stations beyond the Outer Ring Road. Shanghai will also encourage all kinds of market entities to invest in, build, and operate urban parking facilities.

7.19 Shanghai will carry out comprehensive parking management of key areas with severe parking shortage, such as old residential areas and hospitals, and gradually solve their parking difficulties by exploring internal space for building new parking lots, revitalizing existing parking resources, standardizing parking order, and promoting the off-peak parking sharing and utilization of parking resources.

7.20 Shanghai will improve the market-regulated parking fee mechanism and try to implement parking price control measures based on a congestion index. It will optimize the policy on differentiated charging aligned with road parking time, and strengthen the measures for safeguarding road parking fee collection.

7.21 Shanghai will improve the public parking information platform, build smart public parking lots (garages) and smart road parking lots, and expand convenient parking application scenarios to provide more standardized and convenient parking services.

# Chapter 8
# Creating All-age Friendly and Vibrant Non-motorized Transportation

Non-motorized transportation is the most basic mode of transportation. The non-motorized transportation space constitutes an important part of urban public space. Improving the quality of non-motorized transportation is an effective guarantee to make travel more convenient and friendly, and make space more dynamic.

## Goals

8.1 Shanghai aims to create a non-motorized transportation environment that is suitable for both walking and riding, all-age friendly, and space-integrated, so as to better meet the needs of innovative development and people's demand for a better life, and bring benefits to all citizens.

## Principles

8.2 Shanghai will continue to prioritize the right of way of non-motorized transportation and ensure the continuity and integrity of non-motorized transportation facilities.

8.3 Taking the opportunity brought by urban renewal and the construction of a "15-minute community-life circle", Shanghai will strengthen the integration of non-motorized transportation and urban public space to create a vibrant non-motorized transportation space.

**Actions**

### I. Creating a Non-motorized Transportation Network Suitable for Walking and Riding

8.4 Shanghai will construct an uninterrupted and complete non-motorized transportation network by integrating and utilizing urban roads, public paths, green spaces, and greenways in riverside areas in built-up areas, and by building high-density blocks and small-scale road networks in newly developed areas.

8.5 Shanghai will strengthen the planning of a non-motorized transportation system across Huangpu River, Suzhou Creek and other water systems and transportation facilities such as railways and expressways to improve the accessibility of non-motorized transportation facilities.

8.6 Shanghai will utilize comprehensive measures such as optimizing the allocation of the right of way, optimizing sections, linking breakpoints, comprehensive transformation, and guiding the flexible opening of non-motorized vehicle lanes to build an uninterrupted and relatively independent non-motorized vehicle network, and further enhance the density and accessibility of the non-motorized vehicle lane network.

8.7 Shanghai will improve the continuity and comfort of walking facilities, guarantee the effective width (no less than 1.8 m) of sidewalks, encourage the overall layout of building setback and urban sidewalks, encourage qualified public plots to break down walls, and keep sidewalk pavements smooth, intact, comfortable, and beautiful.

8.8 Shanghai will build a comprehensive, composite and relatively independent non-motorized transportation system at comprehensive transportation terminals, public transportation stations and other transportation facilities with large crowds, and optimize the interchange environment.

8.9 Shanghai will optimize the setting of parking spots for non-motorized vehicles, and encourage the use of building setback spaces to allow temporary parking of non-motorized vehicles.

8.10 Shanghai will standardize the operation of Internet-based bicycle rental services to guide the orderly development of the industry.

## II. Creating an All-age Friendly Non-motorized Transportation Environment

8.11 Shanghai will prioritize flat pedestrian crossing and build elevated crossing facilities by combining with rail transit stations and commercial corridors. It will optimize the cycle setting of pedestrian signals based on vehicle traffic needs and street-crossing needs of different people.

8.12 On the premise of safety, the motor and non-motorized isolation facilities will be minimized by comprehensively considering the road section form, design speed, non-motorized vehicle flow and other factors.

8.13 At the entrances and exits of public buildings such as commercial districts, residential areas, hospitals, primary and secondary schools, Shanghai will adopt traffic calming measures such as raising pedestrian crossings, narrowing intersections, and setting deceleration buffer belts to reduce the speed of motor vehicles and improve the non-motorized transportation experience.

8.14 Shanghai will plan, design, construct, check and accept, and put into service barrier-free facilities synchronously with transportation facilities, and connect them with surrounding barrier-free facilities. It will promote the installation of elevators on pedestrian bridges and accelerate the barrier-free transformation of existing non-motorized transportation facilities.

8.15 Shanghai will transform transportation infrastructure to make it suitable for children, and strengthen the construction of a child-friendly travel system and comprehensive improvement of community traffic to improve the safety of children's travel.

8.16 In the process of new city construction and urban renewal, Shanghai will build blocks with zero elevation difference to enhance the demonstration and guidance effects, and build a higher-standard slow travel environment.

## III. Creating a Friendly and High-quality Non-motorized Transportation Space

8.17 Taking the opportunity of urban renewal, Shanghai will comprehensively coordinate and renovate the above-ground and underground spaces, so as to fully integrate public activity centers and transportation hubs, improve the utilization efficiency of space resources, and stimulate regional vitality.

8.18 Shanghai will strengthen the overall design of street space, the comprehensive utilization of building setbacks and the integrated design of inside and outside the red line along roads to create active street boundaries.

8.19 With the focus on Huangpu River and Suzhou Creek, Shanghai will build a non-motorized path along the Huangpu River, and optimize the connection between the non-motorized transportation network along the Huangpu River and the interior road network to improve the non-motorized transportation experience along the riverside and the convenience of cross-river.

8.20 Shanghai will promote the effective connection between the non-motorized traffic system and urban greenways, as well as the urban public space, and create a non-motorized traffic system integrating the functions of transportation, recreation, fitness, and leisure to enhance the vitality of the city.

8.21 Shanghai will work to improve the environmental quality of traffic space, strengthen the matching and integration of traffic space with the ecological environment, cultural styles, artistic qualities and other elements to shape distinctive traffic space.

# Chapter 9
# Building an Efficient Freight Transportation System to Ensure Unimpeded Flows in the Economy

As port's cargo throughput remains high, industrial structure upgrading is in full swing, and online shopping has become dominant, higher requirements are put forward for the timeliness and reliability of the freight transportation system. Shanghai needs to adjust the freight transportation structure, optimize the transportation organization mode, improve the service quality and efficiency of the freight transportation system, and reduce its impact on the urban living environment while supporting high-quality economic development.

## Goals

9.1 Shanghai aims to further optimize the freight transportation structure, further increase the proportion of freight delivered by railway and waterway in the total freight volume, steadily reduce the proportion of container road collection and distribution in ports, and provide more efficient, standardized, and economic freight services.

## Principles

9.2 Shanghai will give full play to the comparative advantages of various modes of transportation, guide the transfer from roadways to railways and waterways, and take multiple measures to reduce logistics and transportation costs.

9.3 Shanghai will continue to promote the appropriate spatial separation and differentiated management of passenger and freight transportation.

**Actions**

**I. Optimizing and Adjusting the Freight Transportation Structure**

9.4 Shanghai will encourage the development of sea-rail intermodal transportation, operate sea-rail intermodal trains stably, and promote the "mutual use and exchange" between sea containers and railway containers to realize the development of the sea-rail intermodal transportation market.

9.5 Shanghai will vigorously develop river-sea intermodal transportation and river-sea direct transportation, continuously promote the standardization of container ship types for river-sea direct transportation and inland waterway transportation, strengthen the sharing of logistics information and business collaboration between ports along the Yangtze River and inland rivers and shipping companies, and increase the proportion of water-to-water transshipment.

9.6 Relying on the construction of corridors along the Yangtze River and along the coast, Shanghai will improve the railway freight capacity and promote more bulk cargos to be carried by train instead of truck.

9.7 Shanghai will support the development of high-speed railway express and e-commerce express trains, and actively explore ways to transport more e-commerce goods and express mails by train instead of truck.

9.8 Shanghai will promote the stable operation of China-Europe Railway Express, study and plan the launch of cross-border trains from Shanghai to other countries and regions.

9.9 Shanghai will optimize and adjust the layout of railway freight stations on the principle of "setting up passenger stations inside the city and freight stations outside the city, and setting up logistics centers outside the city and delivery centers inside the city" to give full play to the role of railways in serving regions and cities.

9.10 Shanghai will encourage port enterprises and those engaged in port shipping, railway freight, air freight, freight forwarding and platform-based enterprises to accelerate their transformation into multimodal transportation operators.

## II. Improving Urban Delivery Services

9.11 Shanghai will improve the layout of intelligent terminals by strengthening the integration with property enterprises and convenience stores to create "pick-up locations at the front door".

9.12 Shanghai will innovate the integrated freight transport system by developing unified distribution, centralized distribution, and joint distribution mainly for commercial districts, residential areas, and industrial parks, and explore ways to create convenient traffic to improve urban delivery efficiency.

9.13 Shanghai will try to establish policies for the management of truck traffic based on vehicle type and time, and increase the quota of permits for new-energy delivery vehicles. It will also promote the use of electronic freight permits.

9.14 Shanghai will strictly implement the setting-up standards of loading and unloading lots in newly-built commercial buildings, and standardize the setting-up of special loading and unloading lots for distribution. It will also standardize the setting-up of temporary parking areas for distribution vehicles in commercial districts and residential areas.

## III. Creating a Fair and Orderly Market Environment

9.15 Shanghai will encourage freight enterprises to expand service networks and extend service chains to transform into modern logistics providers.

9.16 Shanghai will encourage the standardized and orderly development of freight platforms to promote supply-demand matching and improve freight efficiency.

9.17 Shanghai will promote data sharing, strengthen the statistical analysis and monitoring of basic data and operation status of the freight market to support policy formulation.

9.18 Shanghai will build "home of drivers" in service areas along expressways, cargo distribution centers along backbone logistics corrsdors, and logistics parks to improve working and living conditions of truck drivers.

## IV. Promoting the Coordinated Development of Freight Transportation and the City

9.19 Shanghai will optimize and adjust the layout of freight corridors in the main urban area and the waterway freight function in the core section of Huangpu River and gradually promote the outward shift of the freight function of the Outer Ring Road to reduce the impact of cargo freight on urban life.

**9.20** Shanghai will study how to build a special road freight routes with a good connection with freight stations in Waigaoqiao and other areas, and explore the feasibility of underground collection and distribution of ports.

**9.21** Shanghai plans to build freight hubs in new cities, and reserve land for building urban logistics transshipment centers in new cities and surrounding areas.

# Chapter 10
# Strengthening the Integration of Planning, Construction, Management, and Maintenance of Transportation Facilities to Ensure Their Healthy Operation

Shanghai has built a mega-city transportation infrastructure system with a large capacity, high use intensity, and multiple daily maintenance constraints, which causes great challenges to the healthy operation of facilities. Shanghai needs to further improve the level of transportation facility planning, construction, management, and maintenance, which is critical for enhancing the durability, reliability, and economical efficiency of the facilities.

**Goals**

10.1 Shanghai aims to preliminarily establish a system for the integrated management of transportation infrastructure covering their full life-cycle from planning to construction, management, and maintenance, and make sure the transportation infrastructure always be in good conditions.

10.2 Shanghai aims to develop world-leading technologies for the construction and maintenance of transportation facilities, and create a more honest, fairer, and more orderly market for transportation facility construction and maintenance.

**Principles**

10.3 Shanghai will adhere to the concept of full life-cycle management, strengthen technological innovation and institutional innovation, attach equal importance to functions and benefits, and promote the transformation and upgrading of the whole-process management of transportation infrastructure.

**Actions**

**I. Implementing Full Life-Cycle Management**

10.4 Shanghai will improve the mechanisms for the whole-process participation, connection of all links, closed-loop feedback, etc. to establish a system for the integrated management of transportation facilities covering their full life-cycle from planning to construction, management, and maintenance.

10.5 Shanghai will continue to follow the guidance of relevant plans, consider the function design, construction scale, and requirements for the construction, operation, and maintenance of facilities, and promote the synchronous planning, construction, and operation of supporting facilities.

10.6 Shanghai will strengthen active preventive maintenance, build a corresponding fund allocation model for operation and maintenance management as well as long-term maintenance, and improve the efficiency of facility operation and maintenance.

10.7 Shanghai will promote new modes of operation and maintenance, make coordinated efforts to conduct comprehensive maintenance of transportation, greening, and sanitation facilities, coordinate the operation and maintenance of regional facilities, and improve the overall maintenance efficiency.

10.8 Shanghai will explore ways to realize the "rejuvenated" renewal of road facilities, and intensify efforts to renovate old facilities to make them safer and more durable.

10.9 Shanghai will strengthen the operation and maintenance of waterway facilities, systematically carry out waterway dredging, and improve the setting of navigation marks and waterway service facilities to ensure that waterways are in a sound condition for safe navigation.

## II. Strengthening Intelligent Construction and Maintenance

10.10 In the field of transportation infrastructure construction, Shanghai will strengthen the integrated development of enterprises, universities, research institutes and end-users, promote reliable, advanced, and applicable new technologies, new materials, new equipment, and new processes, and efficiently control the construction quality, cost, and progress.

10.11 Shanghai will improve the ability for dynamic detection, and realize intelligent discovery and automatic early warning of engineering quality and safety risks to improve construction quality and ensure safe construction.

10.12 Along with the construction of new infrastructure, Shanghai will apply advanced detection technology to continuously carry out dynamic monitoring of the service performance of major infrastructure equipment, and establish a data-driven mechanism for scientific maintenance decision-making.

## III. Improving the Management of the Construction and Maintenance Industry

10.13 Shanghai will improve the credit system of the traffic construction and maintenance market, improve credit evaluation standards, and strengthen the application of credit results, so as to form a credit-based model for the management of traffic construction and traffic facilities maintenance.

10.14 Shanghai will improve local laws and regulations on traffic construction projects, expand the municipal-district joint mechanism to promote projects, and build a unified planning, construction, management, and maintenance system for the city and districts.

10.15 Shanghai will promote basic, prospective, and systematic standards research, improve the construction standards in key areas including suburban railways, and accelerate the formation of a system of construction standards to promote the high-quality development of traffic engineering.

10.16 Shanghai will establish open and transparent rules and standards for market supervision to guide the large-scale, diversified, and professional development of entities in the road (highway) maintenance market.

# Part Three Developing Sustainable, Smart, Green and Resilient Transportation to Promote High-quality Development

As digital and low-carbon transformation speeds up and the security situation remains severe, the transportation system becomes increasingly complex with a series of new opportunities and challenges. Shanghai needs to develop innovation-driven transportation and carry out digital transformation of transportation. It will adhere to the strategy of emission peaking and carbon neutrality, and promote profound changes in the development pattern and transportation structure. Shanghai will coordinate development and safety, and guarantee safety throughout the whole process of transportation development. It will reinforce and innovate comprehensive transportation governance, and build a new pattern of transportation governance based on collaboration, participation, and common interests.

# Chapter 11
# Building an Intelligent Transportation System and Creating New Experience with Digital Transportation Services

A new round of scientific and technological revolution is in the ascendant, and technologies such as 5G, the Internet of Things (IoT), big data, AI and blockchain are deeply integrated with transportation. Aiming to develop digitalized, networked and intelligence-based transportation, Shanghai will continue to apply technologies to optimize conditions for innovation, expand the application scenarios in transportation services, transportation facilities and transportation governance, and upgrade the transportation system in an all-round way.

## Goals

11.1 Shanghai aims to preliminarily realize the full life-cycle digitalization of all elements of key transportation infrastructure and preliminarily build an intelligent transportation system with smart transportation infrastructure, automated vehicles, considerate transportation services, and digital twin-based transportation governance.

## Principles

11.2 Shanghai will focus on key scenarios, and accelerate the upgrading of the intelligent transportation system with standardized and rule-based IoT, digital IoT and artificial intelligence of things (AIoT).

**Actions**

**I. Developing Intelligent Transportation Facilities and Equipment**

11.3 Shanghai will promote the full life-cycle digitalization in the planning, design, construction, maintenance, operation and management of transportation infrastructure, and synchronize the planning and construction of the transportation sensor network and infrastructure to comprehensively upgrade the transportation infrastructure.

11.4 Shanghai will establish a standard system for the delivery of digital assets of transportation facilities, and promote the application of building information modeling (BIM) in planning, construction, operation and maintenance.

11.5 Shanghai will build a full-stack digital transportation base integrating cloud platform, new generation communication network, new terminals and edge computing to realize synchronous association, mirroring and management between online virtual operation and offline actual operation.

11.6 Shanghai will encourage the launch of vehicles and applications with multi-dimensional sensing, high-precision positioning, intelligent connection and other functions to gradually realize full automation.

11.7 Shanghai will promote the development of driverless vehicles and ships, and accelerate the development of the Internet of vehicles and ships. It will promote the large-scale and market-oriented application of driverless smart cars, and significantly improve the assembly rate of new vehicles with conditionally automated driving systems.

## II. Creating Smart and Modern Service Experience

11.8 Shanghai will build a MaaS system and set up a full trip-chain service platform centering on public transportation, so as to allow passengers to enjoy the whole trip with "one-ticket".

11.9 Shanghai will promote intelligent information services that meet the needs of the elderly and the disabled, improve the traditional service mode, and narrow the "digital gap" of transportation information-oriented services.

11.10 Shanghai will advance the digital transformation of all links in the whole freight process, realize the digitalization, sharing and mutual recognition of transportation documents, and provide "one-bill system" logistics services that can be monitored and traced throughout the whole process.

11.11 Shanghai will strengthen the application of digital technologies in public transportation operation and dispatching, station services, safety management, emergency response, etc., and promote fully automated rail transit system in an orderly manner.

11.12 Shanghai will expand application scenarios of driverless vehicles, promote the application of autonomous driving technologies in taxis, ride-sharing, unmanned delivery, etc., and launch pilots for the application of driverless buses, park logistics vehicles and container trucks in new cities based on their development characteristics.

11.13 Shanghai will improve the development environment of

vehicle-to-everything (V2X) technology for autonomous driving and systematically explore autonomous driving scenarios for all vehicle models, all trip chains and all risk types to promote the commercial application of multi-scenario autonomous driving.

11.14 Shanghai will build smart airports, smart ports, smart highways, smart waterways, smart hubs and smart postal services through intelligent means, and promote self-service and unmanned services, so as to improve operational efficiency, service quality and pandemic prevention capabilities.

### III. Realizing Digital Twin-based Transportation Governance

11.15 Based on "Government Online-Offline Shanghai", Shanghai will use data to transform the management process in transportation industry, and promote collaboration among regions and departments of different levels, in an effort to allow the public enjoy more efficient and convenient government services in the transportation industry.

11.16 Shanghai will deepen the function of "management via a single website", focus on key industries and fields such as "tourist-chartered buses, liner buses and dangerous goods transport vehicles", traffic engineering construction and road facilities operation, and carry out in-depth data analysis with multiple data sources and from different perspectives, so as to realize closed-loop supervision, monitoring and early warning, trend analysis and simulation.

11.17 Relying on the construction of smart roads (highways), Shanghai will increase the functions of the "Easy PASS" system to promote accurate analysis of traffic trends and establish a new data-driven paradigm for urban traffic congestion management.

11.18 Shanghai will expand the application of off-site electronic forensics, intelligent identification and other technologies in law enforcement, improve the development and application of mobile law enforcement systems, and accelerate the transformation of administrative law enforcement to intelligent case handling and intelligent law enforcement.

## IV. Fostering an Open and Cooperative Innovation Ecosystem

11.19 Shanghai will gradually build a transportation data resource system, improve the data management related systems, and steadily promote the sharing and utilization of transportation data in a wider scope and at a deeper level, so as to give full play to the role of data as an innovation engine.

11.20 Shanghai will launch regulations and standards in key areas such as smart transportation infrastructure, travel services and V2X technology to guide the industrialization of smart transportation.

11.21 Shanghai will establish a mechanism for transportation sci-tech innovation that is guided by the government, driven by enterprises and characterized by collaboration among enterprises, universities, research institutes, and end-users, and build a platform for the commercialization and application of scientific and technological findings, so as to accelerate the application of science and technology in transportation.

11.22 Shanghai will support relevant entities to make breakthroughs in tackling problems in core technologies that hinder the development of transportation. It will promote the research and development of special equipment and technologies such as aero-engines, large passenger aircraft, high-performance green ships, special ships for ocean engineering, tunnel engineering, port equipment, deep diving, and far-reaching sea search and survey, and promote the innovation and application of operation and management technologies such as airspace traffic management.

**11.23** Shanghai will strengthen international exchanges and cooperation in transportation science and technology, build a number of laboratories, test bases, technological innovation hubs and other innovation platforms with global influence and deepen opening up and international cooperation, and carry out prospective studies into laws, regulations and standards related to international conventions and rules in the field of transportation.

# Chapter 12
# Promoting Green Transportation to Peak Carbon Dioxide Emissions and Achieve Carbon Neutrality

China has committed to peaking carbon dioxide emissions before 2030 and achieving carbon neutrality before 2060. With transportation being one of the main areas of energy consumption and carbon emissions, the total carbon emissions are still on the rise as the level of motorization continues to increase. Shanghai will coordinate energy consumption, ecological and environmental protection and economic and social development to realize low-carbon transportation and significantly reduce the ecological impact of transportation.

**Goals**

12.1 Shanghai will work to reduce the consumption of gas, diesel and other fossil energy for road transportation until it hits a plateau and begins to decline, strive to peak carbon dioxide emissions from transportation (excluding aviation and water transport), and ensure reasonable growth of carbon emissions from aviation and water transport.

**Principles**

12.2 Shanghai will comprehensively apply technical, economic and administrative methods in implementing cooperative control of pollutants and carbon emissions to accelerate the process of peaking carbon dioxide emissions, so as to ultimately realize the long-term goal of carbon neutrality.

**Actions**

**I. Optimizing the Transportation Structure**

12.3 Shanghai will continue to optimize freight transportation structure, improve the collection and distribution system of air and sea hubs, transform the transportation of bulk cargos "from highway to railway and waterway", and accelerate the development of sea-rail and air-rail intermodal transportation and water-to-water transshipment.

12.4 Shanghai will improve the green transportation system. To be specific, it will establish a functional system of transportation facilities dominated by rail transit, and create a convenient and comfortable non-motorized transportation environment, so as to continuously improve the proportion of green travel in the city.

12.5 Shanghai will strengthen traffic demand management, reduce the reliance on cars, and try to create "car-free neighborhoods".

12.6 Shanghai will establish a carbon inclusive system based on low-carbon travels, and adopt ways such as green credits and carbon credits to encourage and guide citizens to consider low-carbon and green travel options.

**II. Accelerating the Transformation of Transportation Energy Structure**

12.7 Shanghai will step up efforts to replace traditional public transportation vehicles with pure electric vehicles and make a breakthrough in applying new energy to heavy fuel vehicles, and ensure a continuous increase in the proportion of new energy vehicles in new car sales.

12.8 Shanghai will actively explore the commercial application of hydrogen fuel cell vehicles for demonstration, and moderately advance the building of hydrogen fueling stations.

12.9 Shanghai will accelerate the construction of a network of battery charging and changing facilities with equal emphasis on quick charging and slow charging, increase the proportion of quick-charging piles in public areas, and accelerate the construction of centralized battery charging and changing stations for buses, taxis and other transportation vehicles.

12.10 Shanghai will promote the construction and transformation of electric ships, LNG-powered ships and hybrid vessels.

12.11 Shanghai will continuously improve the shore power facility system by guaranteeing the power supply capacity and full coverage of berth shore power equipment. It will improve supporting policies and collaboration mechanisms to promote the application of shore power for ships at ports.

12.12 Shanghai will promote the application of clean energy in non-road mobile machinery as well as infield and short-distance vehicles at ports to comprehensively increase the overall level of clean emissions from transportation.

12.13 Shanghai will guide orderly charging and launch pilots for the application of smart grid, microgrid, and battery energy storage to coordinate transportation electrification and the capacity of the power grid.

12.14 If natural conditions allow, Shanghai will increase the application of photovoltaic power generation and wind-solar hybrid power supply system, and actively expand the application of biomass fuels such as biodiesel in the field of transportation, so as to increase the utilization proportion of renewable energy.

## III. Improving Energy-saving and Pollution-control Capacity in the Field of Transportation

12.15 Shanghai will strengthen the energy-saving management in transportation and achieve full coverage of dynamic monitoring of energy consumption by key energy-using transportation enterprises. It will promote contract-based energy management in an all-round way and expand the energy-saving service industry.

12.16 Shanghai will conduct the construction, management and maintenance of transportation infrastructure in an eco-friendlier way and improve the energy-saving efficiency of transport buildings.

12.17 Shanghai will eliminate old and high-polluting vehicles, and dynamically raise the emission standards of new vehicles. It will fully implement the emissions inspection and maintenance system for motor vehicles, and urge in-use diesel vehicles to meet emission standards to reduce exhaust emissions.

12.18 Shanghai will reinforce ship pollution prevention and control, strengthen management requirements for ship emission control areas, and effectively reduce $NO_x$ emissions from ships.

12.19 Shanghai will promote the transformation of environmental protection facilities of ships and ports, and enhance the ability of the Shanghai Port to monitor and regulate the entire process of receiving, transferring and disposing of pollutants from ships.

12.20 Shanghai will strengthen emission control of non-road mobile machinery at construction sites, port areas and airports, etc., implement stricter emission standards in due course, and promote the implementation of remote online monitoring to effectively reduce pollutant emissions of non-road mobile machinery.

12.21 Shanghai will promote the application of new technologies for traffic noise pollution prevention such as low noise pavement and sound barriers, to reduce traffic noise pollution.

## IV. Establishing a System for Controlling Carbon Emissions from Transportation

12.22 Shanghai will accelerate the establishment of a system for the monitoring, reporting and inspection of carbon emissions from transportation, and give better play to the role of carbon trading and carbon finance markets in promoting reduction of carbon emissions from transportation.

12.23 Shanghai will promote the recycling and comprehensive utilization of waste materials, facilities, equipment, and construction materials of transportation infrastructure, encourage the recycling of waste transportation resources, and carry out ecological upgrading of transportation infrastructure.

12.24 Shanghai will actively promote the research, development, demonstration and application of low-carbon, zero-carbon, and negative-carbon technologies, and actively launch pilots in the Demonstration Area in the Yangtze River Delta on Ecologically Friendly

Development, Chongming World-class Ecological Island and five new cities to explore paths to realize emission peaking and carbon neutrality.

# Chapter 13
# Ensuring Traffic Safety and Enhancing the Resilience of Transportation System

Traffic safety is important for people's lives and property, and a resilient transportation system is an important support for the construction of resilient cities. Shanghai will firmly follow the principle of safe development and full life-cycle management, consolidate the foundation of traffic safety, improve the capacity and level of traffic safety management, ensure the safe operation of the city, and give people a greater sense of security.

**Goals**

13.1 Shanghai aims to put in place a modern traffic safety governance system that meets the needs of the economic and social development of mega-cities. It will keep death tolls from production safety accidents in the traffic industry low, effectively prevent severe and major production safety accidents, and continue to reduce the death rate per 10,000 vehicles in road traffic accidents. Shanghai will also significantly improve the emergency response capacity and resilience of the transportation system.

**Principles**

13.2 Shanghai will coordinate development and safety, focus on source control, put prevention first and manage the traffic system comprehensively, and pay more attention to enhancing the resilience of the transportation system.

### Actions

### I. Improving the Safety Governance System

13.3 Shanghai will continue to improve the inter-departmental collaborative supervision mechanism, prompt sub-districts, towns and functional areas to fulfill their regulatory responsibilities under their jurisdiction, and build a full-coverage responsibility system for traffic safety supervision.

13.4 Shanghai will strengthen regional cooperation in the Yangtze River Delta, promote the integration of joint safety prevention and control, and emergency rescue systems in key areas such as dangerous goods transportation and road traffic, and improve the efficiency of regional traffic safety management.

13.5 Shanghai will improve relevant rules and regulations, implement the whole-process standardized management and the responsibility system covering all staff, and further consolidate the main responsibility of enterprises for production safety.

13.6 Shanghai will establish and improve a closed-loop management system for the whole process of traffic, including the management and control of safety risks of varying levels, the identification and treatment of hidden hazards, backtracking and rectification of accident liabilities, and regular assessment of safety conditions. It will turn the focus of safety management to eliminating hidden hazards and preventing risks.

13.7 Shanghai will improve the system of traffic safety standards, norms and rules covering the whole process of traffic engineering construction, transportation facilities operation, traffic operation organization, and traffic order management.

13.8 Shanghai will strengthen the concept of "digital safety management", and make better use of scientific and technological means to improve production safety and supervision capacity.

13.9 Shanghai will improve the insurance system of the transportation industry, encourage insurance institutions to develop and promote traffic safety liability insurance, and optimize the mechanism of quick claims settlement and advance compensation payment.

13.10 Shanghai will strengthen the safety risk management and control capacity of traffic staff, encourage enterprises to conduct psychological tests for personnel in key positions, and establish a list mechanism for high-risk drivers in the passenger and freight industry.

13.11 Shanghai will enrich the forms of traffic safety publicity and education and advocacy, give full play to the demonstration and leading role of traffic civilization volunteers, in an effort to raise the public's awareness of the importance of safety and foster civilized transportation practices.

## II. Strengthening the Intrinsic Safety and Operation Safety of Transportation

13.12 Shanghai will improve technical standards and specifications for the safety of key traffic infrastructure, establish a high-level road safety assessment mechanism, and enhance the safety protection capacity of traffic infrastructure.

13.13 Shanghai will improve the management and control of rail transit operation risks and the identification and treatment of hidden hazards, strengthen the dynamic monitoring, evaluation and early warning of major risk points such as key facilities and equipment and large passenger flow, and timely remove potential hazards in operation to ensure safe, stable and controllable operation.

13.14 Shanghai will establish a system for the safety management of environment along railways, promote the regular management of hidden hazards and long-term supervision, and effectively prevent and defuse risks to ensure safe and smooth railway operation. It will strengthen the safety and protection infrastructure of suburban railways.

13.15 Shanghai will strengthen the safety management of the "tourist-chartered buses, liner buses and dangerous goods transport vehicles" industries, promote digital supervision, incorporate the dynamic supervision results into the enterprise safety credit system, and link them with licensing and law enforcement.

13.16 Shanghai will strengthen highway safety management, further improve traffic safety protection facilities on highways, and continue to promote the full coverage of video surveillance.

13.17 Shanghai will standardize the market access management of the water transport industry, strengthen the management of port operation safety and navigation safety, enhance the administration of important structures such as cross-channel bridges on inland rivers, and strengthen the control of key areas such as the Huangpu River, so as to improve the capacity of marine services.

13.18 Shanghai will continue to exercise supervision in accordance with the law, and step up efforts to improve regulations on and standards for new modes and new formats in transportation, such as autonomous driving, suburban railways, yacht chartering, and Internet-based passenger and freight transportation, to raise the level of safety and rule of law in these sectors.

13.19 Shanghai will strengthen fire safety management measures in key areas and key parts, and improve the level of traffic fire safety management.

## III. Strengthening the Management of Road Traffic Order

13.20 Shanghai will improve road safety, strengthen the management of accident-prone road sections, optimize the setting of traffic signs and traffic markings on the nodes of road networks, and try to build intersection-crossing modes with less crossings.

13.21 Shanghai will consolidate the achievements in traffic rectifications, take more actions to rectify the illegal acts of motor vehicles, and continue to create a pedestrian-friendly environment in which motor vehicles politely let pedestrians cross the roads first.

13.22 Shanghai will strengthen law enforcement against illegal acts related to non-motorized vehicles, hold electric bicycle enterprises and individual users mainly accountable for relevant violations, and standardize the passage, parking and charging of non-motorized vehicles.

## IV. Improving Emergency Response Capacity and System Resilience

13.23 Shanghai will deepen the construction of the emergency management system with "one plan and three systems" (contingency plan, and the regulatory system, mechanism and legal system for emergency management) as the core, promote the networking construction of the integrated transportation dispatching and emergency command system, and promote intelligence-based emergency response to improve the efficiency of emergency management.

13.24 Shanghai will establish a multi-level integrated equipment and transport capacity reserve system for transportation emergency, and strengthen the availability of emergency resources for rail transit, waterway transportation, expressways, bridges and tunnels.

13.25 Shanghai will strengthen the development of professional teams in emergency rescue, strengthen the coordination capacity of social rescue, and enhance the emergency response capacity.

13.26 Shanghai will strengthen the control of safety risk sources such as in-vehicle (ship, plane) network, control system and mobile communication, and strengthen the information confidentiality, security and reliability of the traffic system.

13.27 Shanghai will strengthen the monitoring, early warning, prevention of and response to extreme weather conditions and natural disasters, strengthen the capacity for traffic emergency support during key periods and for major events, strengthen the modernization of traffic for combat readiness, and comprehensively enhance the capacity for traffic emergency response.

13.28 Shanghai will summarize the experience in and lessons from COVID-19 prevention and control, improve the prevention and control mechanism and contingency plan of the transportation sector for public health emergencies, and coordinate epidemic prevention and control efforts with transportation operation to ensure smooth flows in international and domestic logistics and supply chains.

13.29 Shanghai will strengthen the top-level design of resilient transportation, and integrate the concept of resilience into the whole process of transportation planning, construction, operation and management. It will comprehensively improve the adaptability and rapid recovery capability of the transportation system when disrupted by external factors by innovating technology, mode, mechanism and policy.

# Chapter 14
# Optimizing the Transportation Governance System and Creating a Sound Development Environment

Following the requirements for building a law-based and service-oriented government, Shanghai will create a sound development environment, promote the deep integration of transportation and the economic and social development, stimulate the innovation capacity of transportation, and enhance its soft power.

## Goals

14.1 Shanghai aims to build a mega-city integrated transportation governance system that is internationally oriented and calls for regional synergy, urban linkage, industry integration and social co-governance, create a market-oriented, law-based and international business environment for the transportation industry, and develop a social governance model based on collaboration, participation, and common interests.

## Principles

14.2 Shanghai will give full play to the decisive role of the market in the allocation of resources and better play the role of the government. It will improve the legal system for rule of law and common governance to promote a better combination of an effective market, a responsive government and an orderly society.

### Actions

### I. Promoting Law-based Transportation

14.3 Shanghai will adapt to new characteristic and new trends of transportation development, strengthen the legislation in integrated and new areas such as comprehensive transportation, new transportation, green transportation, intelligent transportation and safe transportation, and pay attention to the consistency among relevant laws, regulations, and regulatory documents.

14.4 Shanghai will innovate traffic law enforcement models, strengthen joint law enforcement between different regions (departments), enhance administrative coordination, and improve law enforcement effectiveness.

### II. Improving the Transportation Market System

14.5 Shanghai will promote the reform to delegate power, streamline administration and optimize government services in transportation, abolish or decentralize powers for administrative licensing matters, and establish a credit-based ongoing and expost regulation system for transportation.

14.6 Shanghai will further optimize the mechanism for the division of fiscal powers and expenditure responsibilities at the municipal and district levels, and stabilize fiscal investments in public services such as transportation infrastructure construction and maintenance, and public transportation operation. It will support the legal and compliant issuance of special bonds for eligible transportation projects.

14.7 Shanghai will further standardize and innovate models for public-private partnership, and establish a reasonable mechanism for return on investment to encourage the participation of private capital in the construction and maintenance of transportation facilities as well as in the transport industry.

14.8 Shanghai will optimize fiscal support and policy guidance, and strengthen policy guidance and financial support for improving the transportation structure, developing green and low-carbon transportation, encouraging science and technology innovation, and enhancing public safety.

14.9 Shanghai will strengthen the monitoring of transportation costs and improve the market price monitoring and early warning system. It will establish and improve a long-term mechanism for price adjustment or guidance by the government, and standardize the price management of new transportation businesses and models.

## III. Establishing a System for Social Co-governance

14.10 Shanghai will promote the delegation of management powers or expand district-level authorities to enhance the autonomy of new cities in transportation development.

14.11 Taking strengthening community-level governance as an opportunity, Shanghai will expand the functions of sub-districts, towns and communities in transportation governance, so that transportation can serve community needs more precisely.

14.12 Shanghai will improve the public participation system

and mechanism, provide multiple approaches for public participation, encourage social organizations such as transportation industry associations to strengthen industry self-regulation, and encourage research institutions, think tanks, universities and other third parties to participate in government decision-making on major transportation matters.

14.13 Shanghai will strengthen the application of big data in transportation investigations and accelerate the creation of a multi-source data collection system for transportation investigations. It will deepen the construction and application of comprehensive transportation models.

14.14 Shanghai will strengthen publicity and education of civilized transportation practices, continue to build a civilized transportation industry, deeply popularize the concept of safe, green and civilized travel, and continuously improve transportation civility of the whole society.

14.15 Shanghai will tell a good story of Shanghai transportation, inherit and innovate excellent transportation culture, and promote the spirit of transportation in the new era.

## IV. Fostering High-caliber Transportation Talents

14.16 Shanghai will continue to attach great importance to talents, make coordinated efforts to promote the cultivation of high-level talents and urgently needed talents in the transportation industry, promote the establishment of a professional qualification system for the industry, and create a platform to provide services to all talents of the entire industry.

14.17 Shanghai will cultivate strategic talents of international level, leading talents, scientific and technological talents and innovation teams, promote the establishment of high-end think tanks in transportation, and improve the system for expert activities.

**14.18** Shanghai will promote the industry-education integration and resources integration, strengthen university-enterprise cooperation, build new and high-level transportation vocational colleges with distinctive characteristics, and foster high-quality talents for transportation.

# Appendix

## Compilation Committee

Shanghai Municipal Transportation Commission

Shanghai Municipal Development & Reform Commission

Shanghai Municipal Commission of Economy and Informatization

Shanghai Municipal Public Security Bureau

Shanghai Municipal Bureau of Planning and Natural Resources

Shanghai Municipal Bureau of Ecology and Environment

Shanghai Municipal Commission of Housing and Urban-Rural Development

Shanghai Municipal Commission of Commerce

Science and Technology Commission of Shanghai Municipality

Shanghai Emergency Management Bureau

Shanghai Municipal Bureau of Justice

Shanghai Municipal Finance Bureau

Shanghai Maritime Safety Administration

Shanghai Municipal Postal Administration

CAAC East China Regional Administration

East China Air Traffic Management Bureau CAAC

Shanghai Municipal Road Transport Administrative Bureau

China Railway Shanghai Group

Shanghai International Port (Group) Co., Ltd.

Shanghai Airport (Group) Co., Ltd.

Shanghai Shentong Metro Group Co., Ltd.

Shanghai Chengtou Group Corporation

Shanghai Jiushi( Group) Co., Ltd.

## Preparation Organizers

Shanghai Urban-Rural Construction and Transportation Development Research Institute
Shanghai Transportation Development Research Center
China Academy of Transportation Sciences
China Academy of Urban Planning & Design
Shanghai Academy of Social Sciences
Shanghai Urban Planning & Design Research Institute
Shanghai Municipal Engineering Design Institute( Group) Co., Ltd.
Shanghai Urban Construction Design and Research Institute( Group) Co., Ltd.
Tongji University

**图书在版编目(CIP)数据**

上海市交通发展白皮书:2022版/上海市人民政府编.—上海:上海人民出版社,2023
ISBN 978-7-208-18116-8

Ⅰ.①上… Ⅱ.①上… Ⅲ.①市区交通-交通运输发展-研究报告-上海-2022 Ⅳ.①F572.885.1

中国版本图书馆CIP数据核字(2022)第254610号

**责任编辑** 马瑞瑞
**封面设计** 汪 昊

**上海市交通发展白皮书(2022版)**
上海市人民政府 编

**出 版** 上海人民出版社
(201101 上海市闵行区号景路159弄C座)
**发 行** 上海人民出版社发行中心
**印 刷** 苏州工业园区美柯乐制版印务有限责任公司
**开 本** 787×1092 1/16
**印 张** 11
**插 页** 2
**字 数** 108,000
**版 次** 2023年5月第1版
**印 次** 2023年5月第1次印刷
ISBN 978-7-208-18116-8/U·4
**定 价** 118.00元